# DU SYSTÈME CHRONOLOGIQUE DE MANÉTHON

« Contenti erimus, si præsens noster tractatus ad duo statuenda nos adjuvet : nempe primo, ut nemo sibi persuadeat (quod hactenus a quibusdam actitatum est) fieri posse, ut accuratâ scientiâ ratio temporum comprehendatur, quæ profecto alucinatio est; deinde, ut quisque probe sciat, id tantummodo curari a nobis, ut aliquo pacto quinam sit hujus controversiæ status percipiatur, ne prorsus in ambiguitate nutemus. »

EUSEBII PAMPHILI *chronicorum Canonum lib. I, c. 1; ex armeniaca lingua transtulerunt in latinam Angelus Maius et Johannes Zohrabus. Mediolani, 1818.*

DU

# SYSTÈME CHRONOLOGIQUE

## DE MANÉTHON

CONFRONTÉ AVEC LES PLUS RÉCENTES DÉCOUVERTES

### DE L'ARCHÉOLOGIE

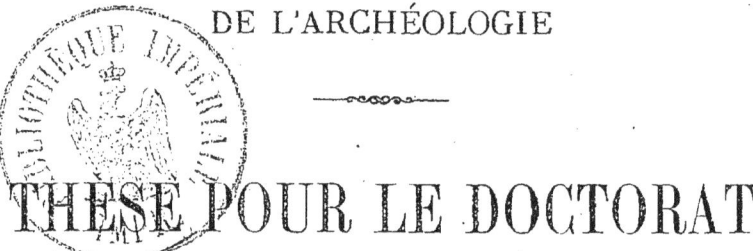

# THÈSE POUR LE DOCTORAT

PRÉSENTÉE

A LA FACULTÉ DE THÉOLOGIE DE PARIS

PAR

## L'ABBÉ H. VOLLOT

CHARGÉ DU COURS D'ÉCRITURE SAINTE A LA SORBONNE

BEAUNE

IMPRIMERIE ET LIBRAIRIE ED. BATAULT-MOROT, PLACE MONGE

1867

1868

La polémique contemporaine, tournée à-peu-près exclusivement vers l'étude des faits, impose à l'apologiste chrétien, et, en particulier, à l'apologiste de nos Saints Livres, une tâche laborieuse : elle l'oblige à discuter moins les dogmes que les événements au milieu desquels les dogmes se sont produits. C'est donc l'histoire qui s'ouvre, avant tout, aux investigations de l'apologiste ; et sur ce terrain de plus en plus vaste, — à mesure que les documents abondent et que les découvertes se multiplient — sur ce terrain, se livre, depuis un demi-siècle, une bataille qui n'est pas encore achevée, qui s'étend tous les jours, et à laquelle les plus obscurs combattants se doivent à eux-mêmes, et doivent à la noble cause qui leur est confiée, d'apporter au moins leur bonne volonté.

C'est ainsi que la reconstitution de l'histoire d'Égypte, si brillamment commencée par Champollion, si courageusement continuée après lui, a suscité une controverse bien aride, mais singulièrement importante au point de vue de l'histoire, tant sacrée que profane. Il s'agit de la chronologie de l'antique Égypte.

Évidemment, parmi la multitude de problèmes soulevés autour de nous par le merveilleux développement des sciences historiques, ce n'est là qu'un détail, et l'un des plus ingrats. Toutefois, nous n'avons pas cru qu'il fût inutile de l'aborder, ni qu'il répugnât d'en faire la matière d'une thèse théologique.

L'étude de cette question offre d'ailleurs un avantage particulier ; elle est de celles qui, par leur nature, ont échappé jusqu'ici, en grande partie, à la curiosité bruyante de la foule. C'est, en quelque sorte, une question réservée, qui se discute avec calme et courtoisie, et qui, de nos jours, en France comme en Allemagne, a eu le singulier privilége d'échoir le plus généralement à des esprits modérés autant qu'ingénieux.

Notre intention ne saurait être de juger par nous-même tous les problèmes qui se rattachent à cette question. Notre but est plus modeste. Il consiste à exposer le débat, à laisser la parole aux érudits éminents qui l'ont examiné sous toutes ses faces, et à tirer, soit de leurs contradictions, soit de leurs aveux, les conclusions qui nous semblent ressortir de leurs admirables travaux.

Nous n'essaierons pas, il est vrai, de fixer exactement la chronologie égyptienne ; nous ne risquerons aucun système ; nous n'établirons aucune date. Mais cette chronologie s'imposant à nous avec le prestige d'une prodigieuse antiquité, nous discuterons la valeur des arguments sur lesquels cette antiquité s'appuie ; nous nous demanderons si nous ne sommes pas autorisé à réduire les chiffres sur plusieurs points ; et si nous prouvons que ces réductions sont, en principe, admissibles, quoique, dans le détail, difficiles à préciser, notre but sera atteint, et nous croirons avoir acquis un résultat assez important.

Nous laisserons même la chronologie biblique à peu près en dehors de la controverse. Elle demanderait, à elle seule, une étude spéciale, qui nous avait attiré d'abord, mais à laquelle il nous a fallu renoncer; nous supposerons, en quelque sorte, que la Bible n'existe pas ; et c'est en dehors de toute préoccupation et de tout parti-pris, que nous examinerons les annales de l'Égypte ancienne.

D'abord, nous adressant aux auteurs classiques, à Hérodote, à Diodore, à Ératosthène, et surtout à Manéthon, nous exposerons en détail le système chronologique que ce dernier nous a légué ; puis, confrontant le témoignage des anciens avec les monuments aujourd'hui déchiffrés, nous tirerons de cette comparaison les conclusions qui nous semblent légitimes, et qui doivent, selon nous, éclairer et simplifier le débat : *Ut aliquo pacto quinam sit hujus controversiæ status percipiatur, ne prorsùs in ambiguitate nutemus* (1).

---

(1) Voir l'épigraphe de notre thèse.

# SECTION PREMIÈRE

―――

DE LA CHRONOLOGIE ÉGYPTIENNE D'APRES LES ÉCRIVAINS
CLASSIQUES, ET PRINCIPALEMENT D'APRÈS MANÉTHON.

Quand le père des historiens grecs visita, au V$^e$ siècle
avant l'ère chrétienne (1), la vieille terre d'Égypte, ce qui
excita au plus haut point son admiration naïve, ce fut l'antiquité prodigieuse des annales que les prêtres d'Héliopolis,
de Memphis, et de Thèbes lui exposèrent avec une complai-
sance qui semblait égale à leurs convictions. L'antiquité
n'était point habituée, en effet, à la précision parfaite que
les modernes ont essayé d'introduire, par les dates, dans
les annales des différents peuples. La Grèce, en particulier, ne songea que très-tard à se donner une chronologie.
Avant l'ère olympique, l'histoire des Hellènes est un chaos
à peu près indéchiffrable (2). Ce fut donc pour Hérodote
un profond sujet d'étonnement, qu'une chronologie embras-

(1) Vers 460-450.

(2) Dès le temps de Solon, les Grecs se trouvaient dans l'impossibilité
de calculer l'époque où Homère avait vécu.

sant plusieurs milliers d'années, autorisée, lui disait-on, par des monuments encore subsistants, gardée avec un soin jaloux (1), à l'égal d'un dogme national, par une caste puissante de prêtres qui se considéraient comme les dépositaires de toute science, et traitaient en enfants ces Grecs, nés d'hier, dont les années n'avaient pas encore blanchi la sagesse (2). Déjà, antérieurement à Hérodote, les prêtres d'Ammon avaient montré à Hécatée de Milet les statues colossales de 345 grands-prêtres. Cette fois, ils lurent au voyageur grec, sur un papyrus, les noms de 330 rois ayant régné après Ménès, et dont le dernier était Mœris (3). « Au » temps où les prêtres me parlaient ainsi, ajoute Hérodote, » il n'y avait pas encore neuf cents ans que Mœris était » mort (4). » Or, nous savons qu'Hérodote visita l'Égypte vers l'an 450 avant J.-C. Par conséquent, les prêtres plaçaient la mort de Mœris vers l'an 1350 avant l'ère chrétienne. Mais il faut savoir que Mœris, de même que Sésostris, a été pour les Grecs en général, et pour Hérodote en particulier, une occasion d'erreurs grossières. Le seul roi qui ait porté un nom approchant du nom de Mœris, est un roi de la VIᵉ dynastie, Apap Maïré, le Phiops de Manéthon. C'est bien lui, en effet, suivant M. de Rougé (5),

(1) Hérod., I, II, 145. « Les Égyptiens assurent ces faits incontestables, parce qu'ils ont toujours eu soin de supputer les années et d'en tenir un registre exact. »

(2) Hérod., II, 1. Plato., *Tim. init.* Le nom des Grecs dans les langues àryennes est Javânas, Jaones, Jones (juvenes) les jeunes. Knobel, *die Vœlkertafel der Genesis.*

(3) L. II, 100.

(4) Hérod., II, 13.

(5) *Annales de Philosophie chrétienne,* tome XXXIV de la collection. Examen du livre de M. de Bunsen.

qui fit creuser le fameux lac Mœris, destiné à corriger les
inondations du Nil, en recevant le trop-plein des eaux
quand la crue était excessive, et y suppléant par le moyen
d'écluses, quand elle était insuffisante. Mais les Grecs ont
également donné le nom de Mœris à un roi de la XIIᵉ dynastie, Ra-en-ma ou Ma-en-ra, auteur du labyrinthe, et
célèbre, lui aussi, par des travaux considérables d'irriga-
tion exécutés dans le désert du Fayoun. C'est en effet son
nom que nous retrouvons, chez les historiens grecs, sous
les formes corrompues de Marès, Marros, Motheris, Smar-
rès, Mœris, puis Lamparès, Lacharès et Labaris, forme
certainement populaire, puisque d'elle provient le nom de
labyrinthe (1). Ce Marès-Labaris est certainement celui
auquel Hérodote fait allusion (tout en le confondant avec
le Maïré de la VIᵉ dynastie), et dont la mort serait à
placer vers l'an 1350 avant J.-C.

Après ce roi Mœris, auraient régné Sésostris, Phéron,
Proteus, Rhampsinit, Chéops et Chéphrem, Mycérinus,
Asychis, Anysis, Sabakon, et enfin Séthos, ce qui porterait
à 341 le nombre des rois égyptiens, de Ménès à Séthos
(vers l'an 712 avant J.-C.) (2).

Les prêtres assurèrent au voyageur grec que ces renseignements étaient parfaitement exacts, et, comme preuve
de la véracité de leurs récits, ils lui montrèrent (3), dans
le principal temple de Thèbes, les 341 statues colossales
élevées sur les tombeaux de 341 grands-prêtres, correspon-

(1) E. de Rougé, ouvr. cité.
(2) Hérod., II, 102, 112, 121, 124, 127, 129, 136, 137, 140, 141,
142.
(3) *Ibid.*, 143.

dant, on le voit, aux 341 rois indigènes, et représentant une période de 341 générations. Or, il faut savoir que, dans les idées de l'antiquité, la durée d'une génération humaine équivalait à 33 ans (1). Hérodote admit donc, sur la foi des prêtres égyptiens, entre Ménès et Séthos une période de 11340 ans, entre Ménès et la conquête persane 11500 ans (2).

Inutile d'ajouter que le récit d'Hérodote se trouve hérissé d'invraisemblances. Outre que la durée d'une génération était incontestablement inférieure, dans les temps antiques, à 33 ans, il est impossible d'admettre que la durée des règnes et des pontificats mentionnés par le voyageur grec ait atteint une moyenne aussi élevée.

Mais cette erreur, déjà si monstrueuse, est dépassée, s'il est possible, par les détails mêmes du récit. Immédiatement après Mœris (XIIe dynastie) est nommé Sésostris. En un certain sens, Hérodote a raison. Il y eut, en effet, deux Sésostris : le premier appartient à la famille des Anémenha et des Sésourtasen de la XIIe dynastie. L'un de ces Sésourtasen fut un roi conquérant et glorieux, honoré, après sa mort, à l'égal d'une divinité. C'est lui que les chronographes ont désigné du nom de Sésostris

(1) Hérod., II, 142.

(2) Hérod., *ibid*. En réduisant à 25 ans la durée d'une génération, l'on arrive à placer Ménès en l'an 9450 avant J.-C. Dans le système d'Hérodote, on le placerait vers l'an 12000. Le premier chiffre se rapproche notablement du récit de Platon, suivant lequel (*Tim*; — *De leg.*) les annales de Saïs étaient vieilles de 8000 ans, et certains monuments de l'Égypte remontaient à dix siècles. (Dunker, *Geschichte des Alterthums* t. I, p. 14-15. — Bumüller, *Geschichte des Alterthums*, 1863. Tome I, p. 184.)

(Eusèbe), de Sistosis (Eratosthène), de Gésonchosis (Jules l'Africain), enfin de Sésonchosis (Eusèbe). Mais ce Sésostris de la XII⁰ dynastie, et voisin de Mœris, est très-différent du conquérant, plus illustre encore, de la XVIII⁰, Ramsès II Méïamoun, nommé chez les Grecs Sésostris, Sésoosis (Diodore), Séthos ou Séthosis (Josèphe). Le récit d'Hérodote serait donc exact, si le Sésostris qu'il mentionne était le Sésourtasen successeur de Mœris. Mais il est bien vraisemblable qu'Hérodote aura voulu faire allusion au Sésostris de la XVIII⁰ dynastie, qu'il aura transporté, par méprise, jusqu'à la XII⁰.

Voici qui est plus grave encore. S'il est un fait avéré dans les annales de l'ancienne Égypte, et constaté par les découvertes authentiques de l'archéologie contemporaine, c'est que les pyramides de Gizeh appartiennent à la plus ancienne période de l'histoire, à la IV⁰ dynastie.

Que penser maintenant de l'exactitude de l'écrivain grec, quand nous le voyons placer après Mœris (XII⁰ dynastie), même après Sésostris (XVIII⁰ dynastie), Chéops, Chéphrem et Mycerinus, les illustres constructeurs des pyramides (1)? Nous n'osons mettre sur le compte des prêtres égyptiens d'aussi monstrueuses inadvertances. Nous aimons mieux supposer que le naïf voyageur aura pris, quant à ces derniers détails, des notes insuffisantes; que ses souvenirs se seront brouillés étrangement; qu'enfin, il aura livré à ses compatriotes des documents confus, mêlés à de grossières erreurs.

(1) Il est vrai qu'il a pris soin lui-même de déclarer que les 330 rois antérieurs ne se signalèrent par aucune construction digne d'être remarquée ! (L. II, 101).

Après avoir cité Séthos, Hérodote ajoute qu'il va désormais raconter ce qui s'est passé en Égypte, de l'aveu unanime des Égyptiens et des autres peuples (1). Volney (2) en infère avec vraisemblance que les Égyptiens eux-mêmes n'étaient pas d'accord sur plusieurs des faits précédemment rapportés par Hérodote. Dans tous les cas, on voit clairement dans l'écrivain grec, qu'à l'époque où il visita l'Égypte, les prêtres indigènes n'avaient adopté encore, en fait de chronologie, qu'un système assez vague et manifestement approximatif. C'est ce que prouvent d'ailleurs les lacunes évidentes du récit, ainsi que l'absence complète de dates positives. Le seul article, appuyé d'un renseignement chronologique, est la mort du roi Mœris (XIIᵉ dynastie), un peu moins de 900 ans avant le voyage d'Hérodote, c'est-à-dire vers l'an 1350.

Ce sont encore des calculs approximatifs que nous rencontrons chez Diodore de Sicile. Esprit curieux, romanesque, crédule, mais d'une crédulité moins sincèrement honnête que celle de son devancier, Diodore visita l'Égypte vers l'an 8 avant l'ère chrétienne, près de 440 ans après Hérodote. A première vue, nous nous attendrions de sa part à des renseignements plus exacts, à une chronologie plus précise. Par malheur, Diodore renchérit sur les obscurités d'Hérodote. Sans parler des dynasties divines qu'il fait régner en Égypte durant 18000 ans, il compte entre Ménès et Cambyse, non plus 345 rois comme Héro-

(1) L. II, 147.

(2) *Recherches nouvelles sur l'Histoire ancienne* (1815). Paris, Didot, 1860. Chronologie des Égyptiens, chap. II.

doté, mais 475 (1). De ces 479 rois, 52 furent les descendants de Ménès, dont *la race* posséda l'Égypte durant 2040 ans, et fut remplacée par celle de Busiris, qui eut 9 descendants, après lesquels régnèrent 125 rois : de telle sorte que 470 rois sont à placer avant Séthos, et 479 avant Cambyse. Les lacunes de cette chronologie sautent aux yeux les moins exercés : l'une après Busiris II, l'autre après Sésostris II, la troisième après Bocchoris (2).

Quant à des renseignements exacts au sujet de la chronologie, Diodore n'en fournit que quatre, épars dans son premier livre.

D'abord, entre Mênas (Ménès) et Busiris il place 1400 ans.

2° Il fait du roi Proteus ou Kétès le contemporain de la guerre de Troie, qu'il prétend avoir eu lieu 1138 ans avant lui-même, c'est-à-dire vers l'an 1150 avant l'ère chrétienne.

3° Il fait vivre le roi Mœris (Aménemha III) douze générations (400 ans) après la fondation de Memphis (III<sup>e</sup> dynastie?), c'est-à-dire qu'il voit en lui réellement le roi Apap-Maïré de la VI<sup>e</sup> dynastie.

4° Enfin, dans un autre passage, il recule le règne de Ménès jusqu'à un passé de 4700 ans.

Voilà des chiffres plus modérés que ceux d'Hérodote. La raison en est que Diodore n'a pas subi, comme son devan-

---

(1) 470 rois et 5 reines. (Diod., Sic., *lib.* I, n. 44.)
(2) Diod., *lib.* I, 45-65.

cier, le déplorable système qui consiste à donner à chaque règne la durée supposée d'une génération. Malheureusement, il se rapproche d'Hérodote sur d'autres points. Après avoir cité le roi Mœris, auteur du fameux lac, et .qu'il confond cette fois avec le soi-disant Mœris de la XIIᵉ dynastie, il nomme, sept générations après lui, Sésoosis le conquérant (Sésostris), puis, longtemps après ce dernier, et au moins dix-sept générations après Proteus (vers l'an 1150 avant J.-C.), Chembès, Chéphrem, Mycérinus, qu'il place dans le voisinage de Bocchoris et de Sabakon, le roi éthiopien du VIIIᵉ siècle avant l'ère chrétienne. Diodore aura-t-il copié dans Hérodote ces étranges anachronismes? Une pareille négligence serait au moins singulière de la part d'un homme qui lut et compulsa un grand nombre d'ouvrages dans la bibliothèque d'Alexandrie, eut de grands moyens de s'instruire et de nous instruire avec lui. Volney a supposé, en effet, qu'à partir du roi Proteus, Diodore s'est borné à reproduire Hérodote, tout en supprimant des faits importants et tout en altérant certains détails (1). En résumé, son livre nous fournit bien peu de lumières sur l'Égypte ancienne. C'est le livre d'un homme à la fois curieux et négligent, qui emprunte ses récits à diverses mains, qui répète sous des noms divers l'histoire des mêmes rois, et qui semble préoccupé de reproduire tout ce qu'il a appris, plutôt que de mettre de l'ordre et de la netteté dans sa narration (2).

Notons cependant, à propos de Chéops, Chéphrem et Mycérinus, un détail curieux. Diodore fait observer que

(1) Volney. *loc. cit.*, p. 543.
(2) Volney, *ibid.*, p. 545.

depuis l'érection de la grande pyramide (de Chembès ou Chéops) jusqu'à l'année où il écrivait lui-même, plusieurs savants égyptiens comptaient une durée de 1000 ans. D'autres, ajoute-t-il, prétendent qu'il s'est écoulé 3400 ans. Ce dernier chiffre correspond d'une manière très-remarquable avec les 3700 d'antiquité assignés au règne de Ménès, et nous ramène incontestablement au système chronologique que nous exposerons plus bas. De plus, cette variété de supputations, ces divergences extraordinaires semblent nous autoriser à croire que, même à l'époque de Diodore, l'Égypte ne possédait aucun système de chronologie qui fût universellement adopté, et qui, comme tel, s'imposât à l'opinion publique. Il y avait sans doute plus d'un système, mais l'unité n'existait pas.

Ce fait est d'autant plus remarquable, que des canons chronologiques existaient à cette époque, et depuis longtemps, chez les Égyptiens ; que les papyrus, dont nous parlerons plus tard, n'étaient certainement pas ignorés des prêtres, et qu'enfin, pour ce qui concerne Diodore, l'œuvre de Manéthon, écrite en grec, lui pouvait très facilement servir de guide.

Suivant la tradition la plus répandue, Manéthon (Manethoth, l'envoyé de Thoth), grand-prêtre d'Héliopolis vers l'an 260 avant J.-C., aurait, à l'instigation de Ptolémée Philadelphe (283-247) (3), composé une histoire de l'Égypte, d'après les documents indigènes que lui fournissaient les archives sacrées du temple (4). Son nom et son œuvre

(3) Manéthon aurait donc été le contemporain des Septante, dont le Pentateuque grec se rapporte exactement à cette période.

(4) *E sacris, ut ipse ait, interpretatus* (μεταφράσας) *historiis*. (Josèphe, *cont., Ap.* I, 14.)

furent-ils connus de ses contemporains ? Il nous est permis d'en douter. Le grec Ératosthène, qui vint peu après lui, et fut l'inventeur de la chronologie comparée, écrivit une histoire des rois de Thèbes, dont il ne nous reste, dans la chronique d'Apollodore, que des fragments assez corrompus. Le système chronologique adopté par l'annaliste grec diffère tellement de celui de Manéthon, qu'il semble permis d'y voir une œuvre tout-à-fait indépendante.

Quant à Diodore, venu plus tard, il ignore, nous l'avons vu, jusqu'au nom de Manéthon. Cependant, parmi les données contradictoires contenues dans son livre, se rencontre un chiffre qui se rapproche manifestement des calculs manéthoniens.

C'est dans l'historien Josèphe, c'est-à-dire vers le milieu du premier siècle après l'ère chrétienne, que nous voyons citée, pour la première fois, l'œuvre du prêtre d'Héliopolis, à propos des Hycsôs ou rois-pasteurs, que Josèphe prétend assimiler aux Hébreux de l'Exode. Il cite à ce sujet (1) deux passages qu'il emprunte, dit-il, au texte grec original de Manéthon (2) ; puis il ajoute, qu'à ces premiers documents Manéthon joignit des récits incroyables et des contes mensongers (3), puisés, non plus dans les annales égyptiennes,

---

(1) *Contra Apion.*, I, 32.

(2) La vraisemblance de cette assertion est contestée par M. Uhlemann (*Israëliten und Hycsós in Ægypten*, 1856). D'autre part, s'il faut en croire la *Revue archéologique* (1850-51, p. 397, 407, 461, 472, 589, 599) et le *Journal de la Société orientale allemande* (tome III, p. 123), des fragments originaux de Manéthon auraient été retrouvés en langue égyptienne.

(3) μυθευομενα και λεγομενα λογους απιθανους

mais dans des fables inspirées par des caprices insensés (1).
Il est donc clair que l'écrivain juif n'attache pas une foi
entière aux assertions du prêtre d'Héliopolis, et qu'il se
reconnaît le droit d'en contester la valeur.

Ce qui est certain, du moins, c'est qu'à la fin du second
siècle de l'ère chrétienne, c'est-à-dire 150 ans après Josèphe, le texte original de Manéthon était complètement
perdu ; non que l'on ait, à cette époque de l'histoire, mé-
prisé ou négligé les études chronologiques. Jamais, peut-
être, si ce n'est au XVIᵉ siècle, il ne se fit, dans le monde
religieux, un pareil mouvement d'idées. Les monuments
littéraires et scientifiques qui ont signalé cette période ont
malheureusement péri en grande partie. Pour ce qui regarde la littérature chrétienne en particulier, nous en
sommes réduits à des données fragmentaires, et aux souvenirs incomplets des âges postérieurs. La persécution de
Dioclétien a anéanti non-seulement des milliers d'exem-
plaires de nos saints Livres, mais toute une littérature religieuse, qui représentait l'apologétique des trois premiers
siècles (2).

Nous ne devons donc pas nous étonner que les chrétiens

(1) αδεσποτως μυθολογουμενων.

[2] On consultera avec le plus grand fruit, sur toute cette période,
les savants ouvrages de M. l'abbé Freppel, professeur d'Éloquence
sacrée à la Sorbonne . *Les Pères apostoliques, saint Justin, saint Iré-
née, etc.* — M. Aberle, professeur à la Faculté de Théologie catholique
de Tubingue, a réuni, de son côté, sur la littérature religieuse du premier siècle de l'ère chrétienne, les documents les plus variés, qui ser-
viront de base à une *Introduction au Nouveau Testament*, très-impa-
tiemment attendue par tous ceux qui connaissent l'ingénieuse et vaste
érudition de l'éminent professeur.

aient été de très-bonne heure amenés, par les besoins de la
polémique, à l'étude de la chronologie. Ce n'était pas
seulement les Égyptiens, c'était encore les prêtres de Chaldée, les brahmanes hindous, qui s'étaient donné, comme à
l'envi, des chronologies fabuleuses, où les années se
comptaient par milliers (1). Recueillies avidement par les
voyageurs et les annalistes grecs ou romains, ces fables
s'étaient propagées, au témoignage de Pline l'Ancien, dans
tout le monde païen, et étaient entrées dans le domaine de
l'opinion publique (2). Elles contredisaient trop manifestement les données bibliques pour ne point devenir la matière d'importantes controverses. Juifs et chrétiens
s'occupèrent, en effet, soit de les mettre à néant par des
négations absolues, soit de les concilier avec les assertions
des saints Livres. La version des Septante elle-même, en
partie antérieure à l'ère chrétienne, peut être considérée
déjà comme un essai de rapprochement entre les traditions
égyptiennes et les supputations de la Bible.

La controverse ne se ralentit pas durant les deux premiers siècles de l'Église, et c'est de cette époque que semble

[1] Les indianistes contemporains les plus autorisés, MM. Max Müller et Benfey, ont fait justice de ces mensongères allégations. D'autre
part, M. Renan [*Mémoire sur Sanchoniaton*] et le baron d'Ekstein
[sur les *Sources de la cosmogonie de Sanchoniaton*] ont très-bien
montré l'origine de toutes ces chronologies phéniciennes, chal-
déennes, etc., qui pullulèrent deux siècles avant et deux siècles après
Jésus-Christ. L'Orient vaincu tâcha d'éblouir les Romains par de fabuleuses annales, et il y réussit.

[2] Ces fables se retrouvent dans Cicéron : *De divin.*, I, 1 ; Jam-
blich ; *Myster. œgypt.*, sect. 9, c. 4 ; Proclus : *In Tim* ; Favorinus :
*apud Gellium*, XIV, 1, n. 17-18 ; Diod. Sic:, II, 34 ; XIX, 55 ; Simplicius : *De cœlo,* I ; Diog. : Laërt, I, etc. [cités par M. T.-H. Martin, *Revue archéologique*, 1860, tome II, page 78].

dater tout particulièrement la haute importance de Manéthon. Mais, — chose étonnante pour qui ne connaît pas les procédés singulièrement naïfs de la science antique, — on ne semble pas alors s'être préoccupé du texte original de Manéthon, dont il eût été si important de constater l'existence. On ne connut l'ouvrage du prêtre égyptien que d'après des copies, où non-seulement les variantes, les gloses annexées d'abord au texte, puis confondues avec lui, mais, ce qui est plus grave, les contradictions les plus formelles, allèrent chaque jour se multipliant, à mesure que les passions religieuses envenimèrent le débat, et suggérèrent aux copistes des altérations dont les partis ne se faisaient pas faute à cette époque, et qu'admettaient de très-bonne foi les esprits les plus honnêtes (1).

Les deux premiers siècles chrétiens ne nous fournissent, il est vrai, mis à part le témoignage de Josèphe, aucun document positif sur l'état exact du texte de Manéthon ; mais les recensions postérieures qui nous ont été conservées reproduisent manifestement le travail des âges précédents, et ces recensions offrent entre elles des dissemblances qui ressemblent singulièrement à des contradictions.

La première recension qui se présente est celle de Jules

---

[1] Cette pieuse manie d'altérations s'est perpétuée jusque dans le moyen âge. M. Vivien de Saint-Martin [*Revue archéologique*, 1862], dans une étude relative à la restitution de la chronologie assyrienne, s'était appuyé sur un chiffre de 1903 années donné par Simplicius. M. T.-H. Martin a démontré que ce chiffre n'était pas le chiffre authentique, mais que, par une légère modification du texte, le copiste s'était efforcé de rapprocher des données bibliques la supputation de Simplicius. [*Académie des Inscriptions et Belles-Lettres. Bulletin mensuel*; Février 1862.]

l'Africain, évêque et prêtre d'Emmaüs (Nicopolis), en Judée, et auteur d'une Chronique (vers l'an 200-230).

La seconde est celle d'Eusèbe, évêque de Césarée, le célèbre annaliste ecclésiastique. Son travail se divisait en deux parties, dont la deuxième, nommée le *Canon*, ne nous était connue, jusqu'à ces derniers temps, que par une traduction latine abrégée et assez inexacte (1), due à saint Jérôme.

En 1818 et en 1820, deux méchitaristes, l'un à Milan (2), l'autre à Venise, publièrent une vieille traduction arménienne des deux livres du *Canon* d'Eusèbe, qui fut éditée, en 1833, avec plus de correction par le cardinal Maï, et enrichie de fragments grecs inédits. (Tome VIII de la collection vaticane.)

Ces deux recensions, celle de l'Africain et celle d'Eusèbe, servirent de base à un troisième travail, celui du bysantin Georges, qui, vers l'an 800, était Syncelle, c'est-à-dire

[1] C'est ce qui résulte des propres paroles du saint docteur : *Semel anim et in temporum libro* [*scil. Eusebiano*] *præfatus sum, me, vel interpretem esse, vel novi operis conditorem.* [*Præfat. ad. libr. de situ et nominibus locorum hebraïcorum.*]

[2] *Eusebii Pamphili chronicorum canonum libri duo*, edidd. *Angelus Maius et Johannes Zohrabus. Mediolani*, 1818. Cette traduction arménienne d'Eusèbe se trouvait déjà mentionnée, par Villefroy, dans la *Biblioth. mss. de Montfaucon* [page 1046]. Le manuscrit qui la renferme fut apporté de Constantinople à Venise en 1794. — La chronique d'Eusèbe paraît avoir également servi de base aux chronographes syriaques des VIIe, VIIIe et XIIe siècles. [*Assemani. Bibliotheca orientalis*, tome III, part. I, p. 168 ; tome II, p. 98-101 ; *ibid*, p. 154.] L'abrégé de Chronique [XIIe siècle] publié par Bruns, [*Repertor. für. bibl. und morgendlænd. Literatur*, tome XI, p. 274] ne nous donne pas, du reste, une haute idée de la chronographie syriaque ; c'est l'avis des savants éditeurs de l'Eusèbe arménien [*Præfat.*, page 20].

2

premier dignitaire et assistant du patriarche de Constantinople.

La chronique du Syncelle peut être considérée comme le
résumé de tous les travaux antérieurs. Malheureusement,
aussi bien qu'Eusèbe, le Syncelle suivit l'usage commun,
et remania sur bien des points les chiffres que les manuscrits lui fournissaient.

Voici les sources auxquelles il a puisé :

1° Il a connu *deux* listes manéthoniennes (1), portant
toutes deux le nom de l'Africain ; la seconde de ces deux
recensions émanait peut-être de l'Africain lui-même, ou,
plus vraisemblablement, elle serait l'œuvre d'un compilateur qui, sur plusieurs points, aurait modifié les chiffres
de son devancier, d'après les documents que lui aurait
fournis une liste royale inconnue de l'évêque d'Emmaüs (2).

2° Le Syncelle connaît également *deux* recensions d'Eusèbe (3), présentant de sérieuses divergences, auxquelles

---

[1] Syncelle, p. 104, éd. Goar.

[2] C'est à ces listes que semblent se rattacher les fragments chronologiques très-corrompus que nous offrent les *excerpta barbara*.

[3] Voici le jugement que portent sur les procédés du Syncelle vis-
à-vis de l'œuvre de son illustre devancier, les éditeurs de la recension
arménienne [Milan, 1818] : *Syncellus plurimas Eusebii partes in sua
temporum digestione servaverat ; sed primum mutilas locoque com-
motas ; deinde commentis sæpe suis atque opinionibus interpolatas...
Duos Eusebii libros in unum confudit, sus deque vertit... lucidum re-
rum ordinem [pessumdedit]. Præfat. in Eusebii canon, init.* Eusèbe
avait-il prévu les mutilations que subirait son œuvre, lorsqu'en tête de
sa chronique il écrivait ces religieuses et graves paroles, où l'on sent
vibrer à la fois le cœur du chrétien et celui du savant : *Adjuro te,
quicumque hos descripseris libros, per D. N. Jesum Christum et glo-*

il faut ajouter la recension arménienne, dont les variantes semblent empruntées à un manuscrit manéthonien qu'Eusèbe n'aurait point consulté.

3° Deux autres recensions d'origine chrétienne sont mentionnées par Georges le Syncelle. Ce sont celles de deux moines égyptiens, Annianus et Panodorus, qui vivaient aux environs de l'an 400 de l'ère chrétienne, et composèrent, au dire du Syncelle, un grand nombre d'ouvrages historiques (1).

4° Il cite une septième recension qui émanait d'un auteur inconnu, et lui semblait se rapprocher d'une vieille chronique ( το παλαιον χρονικον ) soi - disant égyptienne qu'il a mise à contribution, ainsi que les précédentes, pour dresser lui-même à son tour le tableau des dynasties manéthoniennes. Suivant M. Rœckerath (2), cette chronique serait postérieure à Manéthon, et devrait être attribuée à un juif helléniste.

C'est donc, en résumé, un total de neuf recensions de l'œuvre prétendue manéthonienne que nous offre le Syncelle dans sa chronique, sans compter plusieurs renseigne-

---

*riosum ejus adventum, in quo veniet judicare vivos et mortuos, ut conferas quod scripseris et emendes ad exemplaria ea, de quibus scripseris, diligenter ; et hoc adjurationis genus transcribas, et transferas in eum codicem, quem descripseris.*

[1] Dans leur chronique ils contredisaient, paraît-il, sur plusieurs points, les opinions d'Eusèbe [*cf. Syncell.*, p. 17], ainsi que l'avait fait avant eux, d'après Suidas, Diodore, évêque de Tarse.

[2] *Biblische Chronologie, bis auf das Jahr der Geburt Christi.* Münster, 1865, page 147. — M. Bumüller, de son côté, [*Geschichte des Alterthums*, tome I, p. 187] en place la rédaction au IV° siècle de l'ère chrétienne.

ments isolés que lui fournissent d'autres listes royales, qu'il n'a pas jugé à propos de faire entrer dans sa compilation (1).

A cet ensemble de documents ajoutons, pour être complet :

1° Les fragments du chronographe Samuel, prêtre arménien du XII⁰ siècle, lequel adopte généralement les calculs d'Eusèbe (2).

2° Le *Chronicon Paschale*, œuvre du IV⁰ siècle après l'ère chrétienne, où se trouvent quelques fragments de supputations empruntées à une liste manéthonienne très-altérée (3).

Voilà donc, pour le moins, et indépendamment de Josèphe, *onze* recensions, fragmentaires ou complètes, de la chronologie attribuée au prêtre égyptien. C'est un chaos où plus d'un érudit s'est perdu. Essayons du moins d'en tirer ce qui peut servir à notre étude.

Il serait, tout d'abord, très important pour nous de retrouver chez Josèphe, au moins dans ses traits principaux, le Manéthon d'Eusèbe ou du Syncelle. Par malheur, Josèphe ne nous fournit guère que des allusions au chronographe égyptien. Notons cependant un détail significatif (4).

[1] Le Syncelle paraît être le dernier écrivain grec qui ait eu entre les mains un manuscrit du *Canon* d'Eusèbe. Photius, dans sa *Bibliothèque*, répertoire si complet et si précieux, omet entièrement la chronographie de l'évêque de Césarée.

[2] *Samuelis presbyteri aniensis temporum usque ad suam œtatem ratio; edd. J. Zohrabus et Angelus Maius. [Mediolani, 1818.]*

[3] Rœckerath. *Bibl. chronol.*, p. 147.

[4] Rœckerath, page 143.

Il n'est pas question, dans Josèphe, de ces fameuses dynasties qui jouèrent plus tard un si grand rôle dans les recensions manéthoniennes. Il y a plus : l'ouvrage de Manéthon se divisait, au rapport de Josèphe, en trois livres, dont le partage, au lieu de reposer sur le classement par dynasties, comme on pourrait s'y attendre, semble, au premier coup-d'œil, arbitraire. Ainsi Amménémès, le dernier roi mentionné dans le premier livre, est, au témoignage formel de Manéthon, le père du premier roi cité au début du second livre. La même bizarrerie semble s'être reproduite pour le second et le troisième livre : cette fois, du moins, elle s'expliquerait par un synchronisme que Manéthon aurait cherché à établir entre la fin du second livre de sa chronique et la prise de Troie (1); ce qui tendrait à prouver, ou bien que Manéthon a réellement écrit son ouvrage pour des lecteurs grecs, comme semble l'insinuer Josèphe, ou qu'il a pour le moins accommodé les annales égyptiennes avec les traditions helléniques (2); et, dans ces deux cas, il serait permis de douter que son œuvre ait été parfaitement exempte de classifications plus ou moins arbitraires.

Quoiqu'il en soit, et à l'exception de Josèphe, qui se tait sur ce point, les chronographes postérieurs s'accordent généralement à mentionner dans l'œuvre manéthonienne un total de trente dynasties (3). Il n'est pas

[1] « Théoris, dit-il, [dans l'Africain et dans Eusèbe] ou Thouôris, le Polybe d'Homère, et sous le règne duquel Ilion fut prise. » [cf. *Odyss.*, IV, 126.]

[2] On peut admettre, il est vrai, que ce partage arbitraire fut l'œuvre des chronographes grecs, et non celle de Manéthon. Même en ce cas, notre observation conserve toute son importance.

[3] Syncelle, p. 73, 97, 98. Les chronographes postérieurs y ont

impossible, comme l'observe M. Rœckerath (1), que ce détail même ne remonte à Manéthon. La chose est d'autant plus, probable que le papyrus de Turin, dont il sera question plus tard, et qui remonte à la XVIII<sup>e</sup> ou XIX<sup>e</sup> dynastie, connaît déjà cette division en dynasties, et que ses fragments, si lacérés qu'ils soient, se rapprochent manifestement de l'annaliste égyptien, quant au mode et au détail de cette division.

Cependant, la tâche qui s'imposait aux chronographes dans leur compilation des documents manéthoniens n'était pas sans difficultés.

Une première difficulté était de savoir si la dynastie des dieux mentionnés par Manéthon, au début de l'histoire égyptienne, devait être comprise parmi les trente dynasties, ou si, en parlant de ces dernières, Manéthon n'avait eu en vue que les dynasties humaines. Le Syncelle semble avoir admis la première opinion (2). Au contraire, l'Africain, Eusèbe, et ceux des chronographes qui les ont suivis, ont compté trente dynasties humaines. Le texte de Manéthon, perdu de très bonne heure, permettait sans doute de résoudre cette première difficulté, que les chronographes postérieurs, réduits aux seules listes chronologiques, tranchèrent plus tard en sens divers et, semble-t-il, arbitrairement.

Une autre source d'erreurs, ou tout au moins de notables divergences, s'ajoutait à la première. Manéthon, au rapport

ajouté une XXXI<sup>e</sup> dynastie [persane], puis une XXXII<sup>e</sup> [grecque], inaugurée par Alexandre.

[1] *Biblische Chronologie*, page 164.
[2] Rœckerath. *Bibl. Chronologie*, p. 144.

de Josèphe, avait exprimé la durée de chaque règne en années et en mois. Certains chronographes ne tinrent aucun compte des mois, et se bornèrent au chiffre des années, qu'ils supputèrent comme on le faisait en Assyrie et en Chaldée (1), où les premiers mois d'un règne comptaient pour une année entière, tandis que l'année de la mort était considérée comme non avenue. Il en résulta que les rois ayant régné moins d'un an se trouvèrent omis par certains chronographes, tandis que, pour d'autres règnes, six mois équivalent à une année entière. Ainsi la dynastie des Perses, qui nous est historiquement fort bien connue, compte, dans l'Africain et Eusèbe, 8 rois, — 5 rois seulement dans les autres listes.

Une troisième source d'erreurs était la difficulté de marquer exactement le commencement de chaque règne. Il est arrivé souvent dans l'histoire d'Égypte qu'un roi se donnât un associé : c'est à ce titre que Ramsès-le-Grand partagea le pouvoir de Séti Ier avant de gouverner par lui-même. A la mort du plus ancien roi, le prince associé prenait sa place. Mais les années de son règne étaient-elles comptées depuis son appel au trône ou depuis son règne effectif? et, dans ce dernier cas, la date était-elle prise de l'avènement (2) ou du couronnement solennel? Le détail nous montrera dans la suite que quelques doutes peuvent être conservés à ce sujet.

[1] C'est le système adopté par Ptolémée dans son *Canon* chronologique,

[2] Dans l'inscription relative aux campagnes de Touthmès III, les années de règne du roi se renouvellent à l'anniversaire de son avènement.

Mais une dernière difficulté, la plus considérable de toutes, se présentait encore. Les trente dynasties mentionnées par Manéthon et que nous supposons, pour simplifier, avoir été des dynasties humaines, furent-elles consécutives, ou bien quelques-unes d'entre elles auraient-elles été simultanées ? Cette dernière hypothèse permettrait, on le voit, d'abréger d'une manière notable la chronologie manéthonienne. Qu'on nous permette ici des développements que l'importance du sujet exige d'une manière absolue. Nous entrons dans le vif du problème.

Un fait singulier se présente dans l'œuvre de Manéthon, telle qu'elle nous est parvenue.

Au début ou à la fin de son livre, Manéthon mentionnait un détail, qui se retrouve en effet dans le Syncelle (1), à savoir que les dynasties dont il avait raconté l'histoire, et qui représentaient une suite de 113 générations, auraient occupé une période d'années égale à 3555 ans, finissant au règne d'Alexandre. Or, en additionnant les chiffres d'années qui représentent, dans les chronographes postérieurs à Manéthon, la durée prétendue de chacune des trente dynasties, on arrive à un total qui excède notablement le total de 3555 ans relaté par le prêtre égyptien. Les chiffres partiels ne correspondent pas avec le chiffre total (2).

On nous objectera, avec M. de Bunsen (3) et M. de Rougé (4), que le chiffre de 3555 ans attribué par le Syn-

[1] Page 52.
[2] V. le tableau, à l'Appendice, annexe I.
[3] Ægyptens Stelle in der Weltgeschichte.
[4] Annales de Philosophie chrétienne, tome XXXIV de la collection. 1847. Page 429.

celle, ainsi que plusieurs autres détails, à Manéthon, pourrait bien provenir, non pas des annales du prêtre égyptien, mais du prétendu livre de l'*Étoile Sothis*, faussement attribué à Manéthon, et d'origine très postérieure, ainsi que la prétendue pétition au roi Ptolémée (1). Tel n'est pas, cependant, l'avis de M. Lepsius, ni de M. T.-H. Martin, l'éminent doyen de la Faculté des lettres de Rennes (2). Ces deux savants soutiennent énergiquement que le chiffre en question appartient à Manéthon et non à ses abréviateurs.

Quoiqu'il en soit, et de quelque manière qu'on explique le silence d'Eusèbe et de son devancier l'Africain relativement au total de 3555 ans, il n'en est pas moins vrai que, même dans Eusèbe et dans l'Africain, les totaux partiels des trois livres sont en désaccord avec les chiffres qui expriment la durée de chacune des dynasties. D'où peut provenir cette singulière discordance ? Malgré les procédés peu rigoureux auxquels nous ont habitués malheureusement les écrivains de l'antiquité, nous hésiterions à croire qu'une pareille erreur de calculs ait successivement échappé aux chronographes. Eusèbe était bien capable de remarquer que, pour le premier livre de Manéthon (dynasties I à XI inclusivement) l'addition des chiffres partiels représentant la durée des différentes dynasties était inférieure de 360 ans au chiffre total de 2300 ans donné, par lui et qui se retrouve dans la *Chronique*, dans l'Africain (2296), enfin dans le Syncelle, chiffre dont le papyrus de Turin, malheureusement lacéré, semble se rapprocher également. M. de Bunsen

[1] Ces apocryphes dateraient, ainsi que la Vieille Chronique, du IVe siècle après l'ère chrétienne. Bumüller, *Geschichte des Alterthums*, tome I, p. 187.

[2] *Revue archéologique.* 1860.

nous semble donc peu respectueux, quand il voit dans le chiffre total « une glose de l'Africain, étourdiment conservée par Eusèbe. » Nous serions plutôt amené à supposer que, si les chronographes ont ainsi maintenu côte à côte des chiffres aussi divergents, c'est qu'ils avaient par devers eux quelque raison sérieuse de les maintenir, et que la différence du chiffre total avec les chiffres partiels s'expliquait, pour eux, de quelque manière.

On trouve, en effet, dans Eusèbe un détail qui jette un grand jour sur le problème qui nous occupe. Suivant lui, les dynasties mentionnées par Manéthon n'auraient pas toujours été des dynasties consécutives; plusieurs d'entre elles auraient été simultanées. Josèphe avait déjà rappelé un fait particulier : à savoir que la dynastie étrangère des rois pasteurs avait régné en Égypte simultanément avec une dynastie indigène. Sans doute il est permis d'attribuer, sinon à Josèphe, du moins à Eusèbe, évêque chrétien, l'intention d'abréger, autant que possible, la chronologie manéthonienne, pour la faire coïncider plus exactement avec la chronologie biblique. Toutefois, il n'est pas absolument prouvé que les chiffres partiels représentant la durée de chacune des dynasties n'aient été empruntés, en tout ou en partie, à Manéthon lui-même. M. T.-H. Martin (1) semble même pencher vers cette dernière opinion. Mais, de plus, s'il faut en croire M. de Bunsen, le système des dynasties simultanées aurait eu pour lui, de très bonne heure, une autorité fort grave et, cette fois, toute païenne. Nous voulons parler d'Ératosthène, au système duquel nous avons fait allusion plus haut.

[1] *Revue archéologique*, 1860, tome II, p. 78.

Le grec Ératosthène vécut peu après Manéthon, à Pergame et à Alexandrie. Il composa, par ordre du roi d'Égypte (1), une histoire des rois de Thèbes. La liste royale qu'il y inséra se composait de deux parties. La première contenait une série de 38 rois (2), de Ménès à Amuthartaios (3), ayant rempli, au témoignage exprès du Syncelle, une période de 1076 ans. Quant à la seconde série, elle était de 53 rois ; mais, par malheur, ni le Syncelle ni Apollodore ne nous permettent d'en préciser la durée. Un fait du moins demeure avéré : c'est qu'Ératosthène admettait 91 rois partagés en deux séries (4). Ce chiffre est à peu près celui que nous donne le Syncelle (86 rois de Ménès à Amosis), et il rappelle d'assez près le chiffre, d'ailleurs approximatif, qui se trouve mentionné dans la Vieille Chronique soi-disant égyptienne, sur laquelle le Syncelle a dû s'appuyer (106 rois).

Il est vrai que cette Chronique paraît être très posté-

---

[1] Syncelle, p. 171 et 279. Ce fait tendrait à prouver qu'à cette époque l'Égypte ne connaissait pas encore de canon chronologique arrêté, mais bien des documents épars, contradictoires, sur le choix desquels la critique s'exerçait librement.

[2] Syncelle, page 171.

[3] Ce roi et son prédécesseur sont difficilement reconnaissables ; mais les rois qui viennent avant eux appartiennent certainement à la XIIᵉ dynastie.

[4] M. de Bunsen [*Ægyptens Stelle*] a supposé : 1⁰ que la première série d'Ératosthène [38 rois] se terminait à l'apparition des Hycsôs ; 2⁰ que la deuxième série [53 rois] représentait les dynasties contemporaines des Pasteurs. Mais cette manière de voir suppose dans Ératosthène une troisième série de rois thébains, dont il est impossible de trouver aucune trace, soit dans Apollodore, soit dans le Syncelle. [Rœckerath, *Bibl. Chronologie*, p. 185.] De plus, ainsi qu'on le verra plus bas, les monuments ne permettent pas de faire de la XIIᵉ dynastie une dynastie contemporaine des Hycsôs.

rieure à l'œuvre de Manéthon ; elle en serait, suivant M. Rockerath, une sorte de remaniement, opéré, peu de temps après l'ère chrétienne, par quelque juif hélléniste (1). Peut-être même est-elle un produit du IVe siècle. Mais ce n'est là encore qu'un détail secondaire. Le véritable intérêt de la liste d'Ératosthène, c'est le parti que M. Bunsen a prétendu en tirer. Le savant berlinois a cru pouvoir affirmer :

1° Que les rois mentionnés par Ératosthène appartiennent exclusivement à la monarchie et à la race des rois de Memphis et de Thèbes ( ) ;

2° Que les autres dynasties, ayant régné en dehors de ces deux capitales, sont considérées comme non avenues et supprimées par l'écrivain grec.

M. de Bunsen a donc commencé par dresser le tableau comparatif d'Ératosthène et de Manéthon pour les onze premières dynasties.

Voici ce tableau (3) :

| | | MANÉTHON suivant | | ÉRATOSTHÈNE suivant |
|---|---|---|---|---|
| | | l'Africain. | Eusèbe. | M. de Bunsen, |
| Ire Dynastie. | Thinite Memphite(4) | 8 rois | 8 rois | 5 rois. |
| IIe — | Thinite. . . . . | 9 | 9 | 0 |
| IIIe — | Memphite . . . .| 9 | 8 | 7 |
| IVe — | Memphite . . . . | 8 | 17 | 7 |
| Ve — | Éléphantine . . . | 8 (9) | 31 | 0 |
| VIe — | Memphite . . . . | 6 | 2 | 3 |
| VIIe — | | | | |
| VIIIe — | Memphites. TOTAL. | 113 | 26(30) | 9 |
| XIe — | | | | |
| IXe — | Héracléopolites. . | 38 | 23 | 0 |
| Xe — | | | | |
| XIIe — | Thébaine . . . . | 7 | 7 | 4 |

(1) *Bibl. Chronologie*, page 168.

(2) On sait qu'à partir de la XIIe dynastie, Memphis dut céder à Thèbes le rang de capitale politique et religieuse de l'Égypte.

(3) Les chiffres placés entre parenthèses représentent les variantes fournies par les manuscrits.

(5) Ménès était Thinite d'origine; mais il fonda Memphis dont il fit sa capitale.

Ce tableau a servi de base aux hypothèses de M. de Bunsen. Il a supposé que si Ératosthène a laissé de côté les dynasties étrangères à Memphis et à Thèbes, c'est que, pour lui, ces dynasties étaient des dynasties secondaires, vassales et tributaires de la capitale, s'étant établies, à diverses époques, à côté des dynasties maîtresses, mais uniquement à titre de dynasties simultanées et inférieures. Ainsi les dynasties I<sup>re</sup>, III<sup>e</sup>, IV<sup>e</sup>, VI<sup>e</sup>, VII<sup>e</sup>, VIII<sup>e</sup>, XI<sup>e</sup> et XII<sup>e</sup> représenteraient seules la véritable et légitime succession de la monarchie égyptienne. Les dynasties II<sup>e</sup>, V<sup>e</sup>, IX<sup>e</sup> et X<sup>e</sup>, simples dynasties provinciales, écartées par Érathostène, seraient à retrancher du canon chronologique. En résumé, sur les douze premières dynasties, quatre auraient à disparaître des listes de Manéthon, où elles auraient occupé jusqu'à ce jour une place illégitime.

L'hypothèse de M. de Bunsen aurait pour conséquence d'abréger très notablement la première période de la chronologie égyptienne. En effet, suivant une des deux listes manéthoniennes de l'Africain, les dynasties II<sup>e</sup>, V<sup>e</sup>, IX<sup>e</sup> et X<sup>e</sup> auraient, en tout, rempli 1144 ans. Ce serait donc un chiffre de 1144 ans à retrancher des 2300 ans occupés, suivant le Manéthon de l'Africain, par les dynasties I à IX, ce qui réduirait à 1156 ans cette première période, c'est-à-dire à un chiffre très rapproché de celui d'Ératosthène (1076 ans). Si l'on préfère s'en tenir à la version d'Eusèbe (682 ans pour les quatre dynasties en question), c'est un total de 1618 ans qu'il faut admettre, au lieu de 2300, pour la durée des dynasties I à XI.

Ce résultat, on le voit, n'est pas sans importance.

A partir de la XII<sup>e</sup> dynastie, la liste d'Ératosthène nous fait défaut. Nous savons seulement que la seconde partie de son ouvrage renfermait une liste de 53 rois, dont la durée est inconnue. Il nous est donc impossible de constater si la liste d'Ératosthène a pu se prêter, au-delà de la douzième dynastie, au système d'élimination que M. de Bunsen a essayé pour les dynasties précédentes. Mais, à défaut d'Ératosthène, nous avons le témoignage d'Eusèbe et de Josèphe, qui peut jeter sur cette période quelque lumière.

Au sortir de la XII<sup>e</sup> dynastie qui, marque, dans l'histoire d'Égypte, une période héroïque de conquêtes et de splendeurs, trop tôt suivie d'une ère de décadence progressive, se présente un fait d'autant plus incontestable, que le souvenir s'en est perpétué jusqu'à Manéthon, en dépit de la vanité nationale, si hautaine cependant au sein de l'ancienne Égypte ; nous voulons parler de l'invasion des Hycsôs.

Les Hycsôs, ou « rois pasteurs (1), » étaient, comme on le sait, une race d'origine orientale, arabe ou phénicienne (2), vouée, dans le passé, à la vie nomade ; race de bergers, et, par conséquent, non seulement étrangère, mais hostile au peuple égyptien, sédentaire et agricole.

Les Hycsôs soumirent, nous dit-on, toute l'Égypte, et

[1] C'est l'interprétation attribuée par Josèphe lui-même à Manéthon [*V.* à l'Appendice l'annexe ɪɪ]. Quant à l'autre étymologie [*hac, sós,* pasteurs-prisonniers], elle provient uniquement du désir qu'avait l'écrivain juif de confondre les Hycsôs avec les Israélites.

[2] Le Manéthon d'Eusèbe en fait des Phéniciens, c'est-à-dire des peuples très voisins de la Syrie. M. Brugsch croit que les Sôs ou Pasteurs ne sont autres que les Schasou, nomades de l'Arabie septentrionale, dont il est fréquemment question dans l'histoire d'Égypte [*Géographie d'Égypte*, p. 51, 54-55 ; Chabas. *Revue archéologique*, t. **XXX**.

fixèrent le centre de leur empire à Avaris, qui fut plus tard Tanis (Sân), à la frontière orientale de la basse Égypte.

Toutefois, plusieurs indices, que nous aurons à étudier dans le détail, nous feraient penser que la soumission de l'Égypte ne fut pas aussi complète qu'on pourrait le croire au premier abord. Sans même nous demander (ce que nous ferons plus tard), si plusieurs parties de la contrée ne gardèrent pas une entière indépendance, il nous suffit de constater, pour le moment, que des dynasties égyptiennes purent bien, çà-et-là, se maintenir à côté de la dynastie conquérante, à l'état de dynasties tributaires et vassales. Ce fait n'a rien qui répugne aux mœurs de l'antique Orient, où la conquête n'avait généralement d'autre résultat que de conférer au vainqueur des droits plus ou moins rigoureux de suzeraineté sur le vaincu. On échappait ainsi à l'immense embarras de maintenir sous l'obéissance, par une occupation armée, des provinces populeuses et souvent guerrières. Les grands empires de l'Asie, celui des Arabes, au Moyen Age, ne s'expliquent pas autrement.

De leur côté, les listes manéthoniennes de l'Africain et d'Eusèbe présentent, pour toute cette période, des singularités dont il sera question plus tard, en détail, et qui sont de nature à exciter, au premier coup-d'œil, des soupçons très sérieux (1).

On peut admettre, sans aucun doute, que les textes auront été, par l'effet du hasard, ou plutôt par des remanie-

---

[1] Voir le tableau, à l'Appendice, annexe I.

ments arbitraires, plus spécialement altérés pour les trois
dynasties XV$^e$, XVI$^e$ et XVII$^e$, qui correspondent à la domination des Hycsòs.

On peut, en particulier, remarquer dans Eusèbe une
sorte de parti-pris qui le porte à abréger autant que possible la chronologie de l'Africain, que nous croyons plus
voisine du texte primitif de Manéthon. Cette méthode d'a-
bréviation permet à Eusèbe de raccourcir de 1000 ans la
période de 2121 ans qu'occupaient, dans la recension manéthonienne de l'Africain, les dynasties XII à XIX (2$^{me}$ livre
de Manéthon). Ce fait est d'autant plus remarquable, qu'Eusèbe avait admis la conclusion du premier livre de Manéthon (192 rois, 2300 ans). C'est donc sur la seconde période
qu'il aura essayé d'appliquer son système d'abréviation,
fondé sur l'hypothèse de dynasties simultanées.

Quoiqu'il en soit, l'ensemble général des listes manéthoniennes relatives à cette période offre à un trop haut degré
des notions confuses et contradictoires, pour ne pas laisser
soupçonner à un œil exercé, que cette portion de l'histoire
d'Égypte fut une ère d'anarchie et de crise, où le pays, conquis plus ou moins, réagit avec un succès d'abord partiel,
puis décisif, contre l'étranger envahisseur.

La recension manéthonienne, aussi bien que les recensions postérieures, à qui elle servit de base, expriment
vraisemblablement, par les divergences considérables
qu'elles présentent sur ce point, la confusion singulière que
laissa dans les souvenirs nationaux cette période si complexe,
et, d'autre part, si douloureuse à la mémoire publique, qu'on
essaya d'en atténuer, par des remaniements artificiels, l'immense portée historique.

L'hypothèse des dynasties simultanées a donc de quoi s'exercer sur toute cette période, et, bien qu'il soit impossible de préciser exactement sur laquelle des dynasties XV à XVII doit porter principalement la réduction essayée déjà par Eusèbe, il n'en est pas moins vrai que, même avant toute confrontation avec les monuments, l'hypothèse dont il s'agit s'offre, de prime-saut, à l'historien.

Le système de M. de Bunsen, relatif aux dynasties simultanées, a donc pour lui, *à priori*, un caractère de grande vraisemblance, et, de plus, au point de vue chronologique, une singulière portée. En effet, tous les savants qui l'ont adopté ont réussi à abréger d'une manière plus ou moins considérable les supputations manéthoniennes. Au lieu de placer Ménès en l'an 5366 avant J.-C., comme le veut le système de l'Africain, M. de Bunsen fait descendre le premier roi d'Égypte jusqu'en l'année 3623. Ses calculs, il est vrai, sont singulièrement hasardés. Il suppose, par exemple, que la première partie de la liste d'Ératosthène correspond à-peu-près exactement à ce qu'on appelle l'ancien Empire et au premier livre de Manéthon, c'est-à-dire aux dynasties I à XI, auxquelles le savant égyptologue ajoute fort arbitrairement la XIIe. Ces prémisses acceptées, et après avoir soumis les douze premières dynasties au système ingénieux d'abréviation dont il a été question plus haut, M. de Bunsen réduit à 1347 ans les 2300 ou 2350 ans attribués par les chronographes à l'ancien Empire. La deuxième période, correspondant au second livre de Manéthon, est, suivant le même savant, occupée tout entière par les Pasteurs. Il leur accorde 922 ans de durée, et rejette par conséquent le total de l'Africain (2121 ans),

3

que M. de Bunsen sacrifie décidément à Eusèbe. En revanche, il allonge notablement le nouvel Empire, en lui assignant une durée de 1286 ans.

Disons d'abord que le système de M. de Bunsen, tout légitime qu'on le suppose quant au principe fondamental qui lui sert de base, est, dans le détail, singulièrement arbitraire. M. de Rougé, dans une savante étude (1), en a signalé de main de maître les côtés faibles, et, en Allemagne, M. de Bunsen n'a rallié à sa cause ni M. Lepsius, ni M. Brugsch. Le premier, admettant l'authenticité du chiffre de 3555 ans attribué par Manéthon, suivant le Syncelle, à la durée totale de l'Empire d'Égypte, place en 3893 avant J.-C. l'avènement de Ménès, que M. Brugsch recule, de son côté, jusqu'en l'an 4455. A vrai dire, nous croyons, avec M. Mariette (2), que les dates absolues, relatives à la chronologie égyptienne, doivent être, jusqu'à nouvel ordre, écartées, et que les dates par approximation deviennent elles-mêmes de plus en plus incertaines, à mesure qu'on remonte le cours des âges. Nous n'attacherons donc qu'une importance relative aux systèmes chronologiques, plus ou moins heureux, de la science contemporaine.

Ce que nous constatons en second lieu, c'est que, ralliés ou non au système des dynasties simultanées, les égyptologues contemporains ont tous admis la nécessité d'abréger la chronologie manéthonienne. M. Bœckh lui-même, dans

---

[1] *Annales de Philosophie chrétienne.* Examen du livre de M. de Bunsen. 1847.

[2] *Aperçu de l'Histoire ancienne d'Égypte.* Alexandrie, 1864. Paris, 1867 ; p. 68-69.

son savant ouvrage, spécialement consacré à l'examen de cette chronologie (1), est bien arrivé à placer 5702 ans avant J.-C. l'avènement de Ménès; mais il a soin d'ajouter, que si c'est là vraiment la date donnée par les listes, on ne saurait, en aucun cas, l'accepter comme historique.

Sa puissante érudition a même été plus loin : il a cru pouvoir affirmer, que non-seulement la chronologie manéthonienne est suspecte, à ses yeux, d'exagération, mais que plusieurs indices très sérieux l'amènent à soupçonner qu'elle repose tout entière sur une base artificielle.

Cette dernière hypothèse, antérieure à M. Bœckh, et souvent adoptée après lui, a pris, entre ses mains, le caractère d'une véritable démonstration, dont les détails peuvent être critiqués, sans doute, sur plus d'un point, mais dont l'ensemble a pour lui des arguments très solides. Qu'on nous permette ici quelques développements nécessaires.

On sait quelle importance obtint, à un certain moment de l'histoire de l'antiquité, la théorie des *cycles*. Cette théorie date, à ce qu'il semble, de la période alexandrine. Les historiens ou compilateurs des premiers siècles de l'ère chrétienne nous ont, en effet, légué de nombreux détails sur les cycles babyloniens, persans ou égyptiens. Qui n'a entendu parler, par exemple, des cycles historiques rapportés par Bérose, portant à des myriades d'années les annales orgueilleuses de la vieille Chaldée? Prêtre babylonien et contemporain d'Antiochus Soter (280-270 ans avant J.-C.), Bérose essaya en effet pour la Chaldée ce que Manéthon tentait, à la même époque, pour la chronologie de l'Égypte.

[1] *Manetho und die Hundsternperiode.* Berlin, 1845.

Ainsi que le prêtre égyptien, Bérose ne nous est guère connu que par quelques fragments conservés dans Eusèbe et dans le Syncelle. Son œuvre offre avec l'œuvre de Manéthon cette ressemblance, qu'elle aboutit à une chronologie manifestement exagérée. Dix rois, suivant Bérose, régnèrent primitivement en Chaldée, durant une période de 432000 ans ; puis vint le déluge de Xisuthrus, suivi d'une ère nouvelle inaugurée par Enéchius, Chomasbelus et 84 autres rois qui régnèrent 34000 ans (1). Ces chiffres fabuleux s'expliquent en partie par les conceptions astronomiques des prêtres chaldéens, qui prétendirent retrouver dans l'histoire nationale leur théorie des cycles, appuyée, disaient-ils, sur une longue série d'observations scientifiques (2).

Une conception analogue se rencontrerait-elle dans Manéthon, et les annales égyptiennes, telles que le compilateur nous les a laissées, auraient-elles subi de sa part un remaniement qui aurait eu pour base quelque donnée à *priori*, mystique ou sidérale ?

L'Égypte a connu, en effet, un cycle astronomique, généralement désigné du nom de cycle ou période so-

[1] Bumüller, *Geschichte des Alterthums*, tome I. p. 16.

[2] On sait le cas qu'il faut faire de la prétendue antiquité de ces mensongères astronomies. Diogène Laërce [*in procem.*] nous rapporte, par exemple, que les prêtres égyptiens avaient observé, avant Alexandre, 373 éclipses de soleil et 832 éclipses de lune. Or, suivant le calcul de Fréret, le nombre d'éclipses allégué ne suppose pas plus de 1250 ans. Ce serait donc de l'an 1586 ans avant J.-C. que dateraient les premières observations des astronomes égyptiens. [Bumüller, *Geschichte des Alterthums*, tome, I, p. 195.]

thiaque (1). Nous le trouvons mentionné pour la première
fois dans Censorinus, astronome du III° siècle après l'ère
chrétienne. Un fragment de son ouvrage (2), conservé jusqu'à nous, relate positivement qu'en l'an 149 de notre ère,
sous Adrien, eut lieu un renouvellement de la période sothiaque. Cette même période est mentionnée par Chalcidius
et Clément d'Alexandrie (3). Enfin, un passage fameux de
Théon d'Alexandrie paraît en confirmer l'existence (4).

D'autre part, on sait, d'après le témoignage unanime des
anciens (5), que l'Égypte connut de très bonne heure un
calendrier solaire de 360 jours (12 mois de 30 jours chacun). Plus tard, et vraisemblablement dès une haute antiquité, on s'aperçut que cette année civile de 360 jours était
notablement plus courte que l'année solaire astronomique,
et on y ajouta, après le douzième mois (Mesori) (6), cinq

[1] Lepsius, *Chronologie*, I, pages 165 et suivantes. On l'appelle
encore, mais plus rarement, cynique ou caniculaire, Sirius faisant
partie de la constellation du *Grand-Chien*. — Il est question dans Tacite [*Ann.* VI, 28] d'un autre cycle égyptien, mentionné aussi par Suidas, Philostrate, et personnifié par le phénix, l'oiseau merveilleux qui
renaît de ses cendres. Ce cycle [de 652 ans] paraît s'être rattaché à
la planète *Mercure*. [Uhlemann, *Israeliten und Hycsos*, p. 88-89.]

[2] *De die natali*, rec. Havercamp, p. 115.

[3] *Strom.*, I, 145. Il place la sortie d'Égypte 525 ans avant la période sothiaque [probablement celle qui passait, de son temps, pour
avoir commencé en 1322 avant J.-C.].

[4] Ce passage mentionne une sorte d'ère, τα ἀπὸ Μενοφρεως.
Les égyptologues berlinois ont voulu y voir une ère datant du roi Me-
nephtah [XIX° dynastie]. Mais il paraît qu'il faut y reconnaître une
ère en usage à Memphis [Ménophré en égyptien]. Il en sera question
plus tard.

[5] Dunker, *Geschichte des Alterthums*. Berlin, 1863. Tome I, p. 25
et suiv.

[6] Après le mois de *pharmouti*, suivant M. Vincent. [*Revue archéologique*, novembre 1864.]

jours intercalaires ou épagomènes (1), appelés par les Égyptiens les « jours célestes. » On obtint de cette manière une année de 365 jours, dont le début fut fixé au premier jour du mois de Thoth (20 juillet), qui offrait une particularité très remarquable aux yeux des Égyptiens. Ce jour-là, en effet, avait lieu le lever héliaque (2) de l'étoile Sothis (Sirius). Par malheur, l'année sothiaque astronomique étant à très peu près égale à l'année solaire astronomique (365 jours 5 heures 48 minutes), soit à 365 jours et un quart, ne coïncidait qu'imparfaitement avec l'année civile de 365 jours. Au bout de quatre ans, le lever héliaque de Sothis se trouvait en avance d'un jour sur l'année civile, dont le premier jour (premier du mois de Thoth) ne correspondait plus, par conséquent, avec le lever de Sothis. Après 120 ans, la différence entre les deux années était d'un mois, et, au bout de 1460 ans, d'une année entière de 365 jours. Ainsi, durant 1460 ans, le lever héliaque de Sothis avait parcouru successivement, de quatre en quatre ans, chacun des jours de l'année civile, et, cette période une fois écoulée, se retrouvait de nouveau coïncider avec le premier jour du mois de Thoth ; de sorte qu'après 1460 années sothiaques et 1461 années civiles, dites années *vagues*, le point initial des deux années correspondait de nouveau d'une manière exacte. De là l'extrême valeur qu'on dut attacher au cycle sothiaque, considéré comme un cycle religieux et mystique, et surtout au renou-

[1] Hérod., II, 4.

[2] On appelle *lever héliaque* d'un astre le premier lever capable d'être observé à l'œil nu, le matin, avant que le crépuscule, précurseur du lever du soleil, ne devienne assez lumineux pour éteindre les rayons de l'astre dont il s'agit.

vellement de cette importante période, amenant, à ce qu'il semblait, une sorte de renaissance sidérale, suivie d'une restauration universelle des choses, gage certain pour les Empires de décadence ou de progrès (1).

Il serait pour nous très intéressant de savoir à quelle date précise des annales égyptiennes remontent l'introduction et l'usage de la période sothiaque (2). Plusieurs opinions se sont formées à ce sujet.

Les astronomes alexandrins du IIIe siècle après l'ère chrétienne observèrent, nous l'avons dit, en l'an 149, un renouvellement de la période sothiaque ; la période qui s'achevait alors ayant duré 1461 années civiles, c'est en 1322 avant J.-C. qu'il en faudrait placer le début. Est-ce à dire que l'introduction de la période sothiaque remonte précisément à cette époque? Les astronomes alexandrins semblent l'avoir pensé (3). Mais les modernes ont été généralement d'un autre avis. Au premier rang parmi eux, il faut citer M. Biot (4), qui ne dédaigna pas de consacrer à ce point d'histoire une série d'études du plus grand intérêt. L'étendue de ses connaissances astronomiques, la rare

---

[1] C'est la pensée du poète païen : *Magnus ab integro sæclorum nascitur ordo.* [Vig., *Egl.*, IV.]

[2] Il est au moins très singulier qu'Hérodote n'ait eu aucune connaissance de l'insuffisance de l'année vague. « Les Égyptiens, dit-il, font chaque mois de 30 jours, et tous les ans ils ajoutent à leur année 5 jours surnuméraires, au moyen de quoi les saisons *reviennent toujours à leur point.* » καὶ σφι ὁ κύκλος τῶν ὡρέων ἐς τὠυτὸ περι ων παραγίνεται. *Lib.* II, *n.* 4, *ed.* Dietsch. [Tauchnitz.]

[3] Clément d'Alexandrie [*passage cité*] semble se rattacher à cette opinion.

[4] *Recherches sur l'année vague des anciens Égyptiens.* Paris, 1831.

sagacité de son jugement, le préparaient admirablement à
ce genre d'investigations, où le calcul et l'érudition se prê-
taient un mutuel appui. Par malheur, M. Biot n'avait pu
étudier par lui-même toutes les données du problème (1).
Il reçut de Champollion des renseignements précieux, mais,
sur plusieurs points, incomplets et fautifs. L'interprétation
des hiéroglyphes était loin d'avoir acquis à cette époque la
précision remarquable qu'elle a atteint de nos jours. Champollion montrait à M. Biot les cinq jours épagomènes mentionnés pour la première fois sur les monuments de la
XIXᵉ dynastie. M. Biot en conclut, et c'était son droit,
qu'il fallait placer aux environs de la XIXᵉ dynastie l'introduction de l'année civile de 365 jours, et, par suite,
l'usage de la période sothiaque, intimement liée à cette année de 365 jours, tandis que l'année de 360 jours l'exclut
nécessairement. Il plaça donc en 1780 avant l'ère chrétienne la consécration de l'année vague de 365 jours et de
la période sothiaque. De cette sorte, deux cycles de Sothis
seraient historiquement et astronomiquement constatés :
le premier, de 1780 à 1322 avant l'ère chrétienne ; le second, de 1322 avant l'ère chrétienne à l'an 149 de J.-C.,
époque où Censorimus en mentionne un troisième renouvellement.

Mais les monuments plus connus et mieux étudiés ont
donné tort à M. Biot et à Champollion (2), en montrant les
cinq jours intercalaires célébrés, à Thèbes, par une fête
religieuse, à une époque bien antérieure à la XIXᵉ dynas-

---

[1] E. de Rougé. Travaux de M. Biot sur le calendrier et l'astronomie des anciens Égyptiens. *Revue contemporaine*, 30 novembre 1862.
[2] E. de Rougé, *ibid.*

tie, antérieure même à l'invasion des Pasteurs, datant, en un mot, de la XII<sup>e</sup> dynastie, sous le règne de laquelle l'é- toile Supti (Sothis) reçoit, sur les hiéroglyphes interprétés par M. Lepsius, le nom significatif de « maîtresse du com- mencement de l'année. »

De ce que le lever héliaque de Sothis était, dès cette époque reculée, le signal du commencement de l'année, on ne saurait conclure assurément que la période sothiaque fût déjà connue et pratiquée. Il est beaucoup plus vraisem- blable qu'elle l'aura été à une époque très postérieure.

Du moins, il faut bien admettre qu'on aura remarqué de très bonne heure l'avance que prenait, tous les quatre ans, le lever héliaque de l'astre sur le premier jour du mois de Thoth. La simple observation, à défaut de tout calcul, suf- fisait sur ce point. Une circonstance particulière contri- buait, d'ailleurs, à faciliter cette observation. On sait que la division de l'année égyptienne en trois saisons avait pour base et pour mesure le grand phénomène qui s'ac- complit, chaque année, dans la vallée du Nil : je veux dire l'inondation périodique à laquelle ce pays exceptionnel doit sa fécondité, sa richesse et sa vie. Or, le début de l'inon- dation coïncidait d'une manière exacte avec le lever de Si- rius, fixé primitivement au premier jour du mois de Thoth. Ainsi, tous les quatre ans, le débordement du Nil avançait d'un jour sur le point initial, c'est-à-dire sur le premier jour du mois de Thoth. Il n'est même pas démontré que le solstice d'été n'ait pas coïncidé originairement avec le com- mencement de la crue des eaux, par conséquent avec le lever de Sothis et avec le premier jour du mois de Thoth (1).

_____

[5] C'était l'avis de M. Biot, qui calculait que vers 3200 avant J.-C.

L'inondation d'une part, le solstice de l'autre, étaient deux
points de repère fournis par la nature elle-même, et d'une
constatation d'autant plus facile, qu'au rapport de M. Mariette, les Bédouins du désert calculent, encore aujourd'hui,
le moment exact du solstice d'été d'après les ombres de la
grande pyramide, qui, suivant les dernières découvertes,
se rattache à la plus ancienne période de l'histoire égyptienne, au temps de la IVᵉ dynastie. Il suffisait donc d'ou-
vrir les yeux pour observer l'antécession progressive de
l'année sothiaque sur l'année vague.

Les monuments se taisent, il est vrai, non seulement sur
cette période elle-même, mais encore sur toute ère, sur
tout système chronologique nettement arrêté. Les années
se comptent à partir de la première année du règne de
chaque souverain ; plus tard, sous les Ptolémées, d'après
les années de l'Apis. Mais rien n'empêche d'admettre que
les prêtres, seuls initiés aux secrets de la science dérobés
aux profanes, n'aient eu connaissance, bien avant la domination grecque, du cycle mystérieux de Sothis, dont le
calcul leur fournissait les éléments. L'expérience le leur
révéla, leur apprit à en supputer le retour, et à en fixer ré-

le lever de Sothis coïncidait exactement à Memphis avec le solstice.
[E. de Rougé. *Revue contemporaine*, 30 novembre 1862, p, 258-259.]
La durée de l'année solaire n'étant pas absolument égale à la période qui ramène le premier lever de Sothis à un même lieu d'observation, le jour de ce lever s'éloignait successivement du jour du
solstice. M. Biot en concluait que le premier jour de l'année
avait dû coïncider primitivement avec le solstice d'été ; mais, au rapport de M. de Rougé [*ib.*], aucun monument n'est venu appuyer cette
hypothèse de M. Biot. M. Letronne admit, au contraire, que le lever
de Sothis avait seul, et dès l'origine, servi de régulateur à l'année fixe
agricole.

trospectivement un ou plusieurs débuts. Nous ne doutons pas, par conséquent, que Manéthon n'ait été au courant du cycle en question, et n'ait cherché, avec une bonne foi plus ou moins grande, à en faire la base de son système de chronologie.

Mettons-nous maintenant par la pensée à la place du prêtre égyptien.

Manéthon ne pouvait ignorer l'existence du cycle sothiaque et son extrême importance aux yeux de ses compatriotes. L'aura-t-il introduit dans sa chronologie? Avant tout examen, la chose est vraisemblable. Mais, à ce sujet, deux hypothèses peuvent être faites. D'abord, il est permis de supposer que Manéthon aura pris pour base de ses calculs les chiffres qui plus tard furent adoptés par Censorinus et les Alexandrins; et, en ce cas, vivant à la fin du III⁰ siècle avant l'ère chrétienne, il avait derrière lui, non-seulement le cycle sothiaque commencé en 1322; non seulement le cycle précédent, dont M. Biot fixait à l'an 1780 le point initial; mais, vraisemblablement, un troisième cycle antérieur aux deux précédents, et commencé, suivant M. de Rougé, en 2782 avant l'ère chrétienne.

Mais il se peut aussi qu'admettant en principe le cycle sothiaque, Manéthon ne l'ait pas supputé de la même façon que le firent, après lui, les Alexandrins. Cette dernière hypothèse n'a rien qui soit inconciliable avec les procédés scientifiques de « la docte antiquité. » De plus, elle s'expliquerait fort bien par les conditions spéciales où se trouvait, du temps de Manéthon et après lui, la chronographie égyptienne. Expliquons-nous.

Le lever de l'étoile Sothis marquait, dès la XII<sup>e</sup> dynastie
(nous l'avons dit), le commencement de l'année. Voilà ce
que les monuments affirment, — rien de plus, rien de moins.
De période sothiaque, servant au pays d'ère nationale et
religieuse, il n'en est point question. Tout au plus pourrait-
on admettre que les années de Ménophrès, mentionnées par
Théon, représentent une ère memphite. Ceci posé, il n'est
pas absolument impossible que cette ère memphite, relatée
par Théon, quoique les monuments ne l'aient pas confirmée
jusqu'ici, ne soit analogue à l'ère sothiaque. M. Biot a constaté, en effet, que le lever de Sirius, fixé, nous l'avons dit,
au premier jour de Thoth (19-20 juillet), n'avait lieu réellement à ce jour qu'en un seul point, à Memphis. Suivant
qu'on se transporte au nord ou au sud de cette ville, le moment où l'astre apparaît, avance ou recule sur le premier jour
de Thoth (1). Ce qui est exact pour Memphis ne l'est plus
pour Syène ou Alexandrie. Donc il y aura eu *convention
de lieu*, et c'est ce qu'atteste très précisément un fragment précieux d'Olympiodore (2), d'après lequel « les
Alexandrins rapportent le lever de Sirius, non pas au jour
où il a lieu à Alexandrie, mais au jour où il est observé à
Memphis. » De ce fait, M. Letronne concluait qu'une pareille
convention de lieu devait remonter à une époque où Memphis était encore la capitale effective de l'Égypte, c'est-à-
dire, au plus tard, à l'époque de la VIII<sup>e</sup> dynastie, la dernière
qui porte le nom de memphite dans les listes manétho-
niennes. Mais, ainsi que l'observe M. de Rougé (3), Mem-

[1] La différence entre les points extrêmes, Nord et Sud, est de cinq
jours.

[2] *Comment. in Aristot. meteorol.*

[3] *Revue contemporaine*, 30 nov. 1862, p. 269.

phis fut, à toutes les époques, une ville de première importance. Le collége sacerdotal et l'observatoire d'Héliopolis, qui confinait à Memphis, ne cessèrent pas de jouer leur rôle scientifique sous les dynasties thébaines. La XII⁰, la XIII⁰ et même la XVIII⁰ dynastie ont embelli Memphis, y ont résidé plus d'une fois, y ont laissé les tombeaux de plusieurs de leurs princes. Memphis aura donc pu imposer assez tard au reste de l'Égypte ses supputations astronomiques et son calendrier. On le voit, il n'est pas encore question de période sothiaque. Le passage d'Olympiodore est muet sur ce point. Nous n'avons donc absolument d'autre indice en faveur de l'origine égyptienne et de la sérieuse existence de ce cycle fameux que les deux mots, assez peu clairs, de Théon, et l'autorité de l'École alexandrine. C'est une autorité assez tardive, mais qui n'est pas sans valeur assurément, puisque la sévère critique de M. Letronne n'en a pas contesté la valeur. Mais que prouve, en dernière analyse, le témoignage des Alexandrins? que l'ère sothiaque était connue et pratiquée dans leur École, qu'ils se croyaient en mesure d'en fixer la durée, d'en préciser le début et le terme. Allons même plus loin, accordons aux Alexandrins que le cycle sothiaque, tel qu'il nous l'ont fait connaître, se liait à une tradition égyptienne plus ou moins antique, malgré le silence assez singulier, on l'avouera, d'Hérodote. Mais une question fort grave reste debout : les calculs sur lesquels se fondèrent les Alexandrins étaient-ils ceux de l'antique Égypte? se rattachaient-ils aux dernières traditions du collége sacerdotal de Memphis? ou bien, au contraire, en étaient-ils indépendants? n'avaient-ils pas plutôt trouvé leur base dans les systèmes de l'astronomie grecque? D'ailleurs, l'introduction, en l'an 25 avant J.-C., de l'ère julienne, rendue, par Auguste, obligatoire pour toute l'Égypte, n'avait-elle pas singulièrement altéré les anciennes traditions sur lesquelles reposait le calendrier égyptien (1) ? Sans même admettre, avec M. Biot, que le renouvellement du cycle sothiaque en l'an 129 de J.-C., — c'est-à-dire sous l'empereur Adrien, qui fit tant pour l'Égypte, — n'ait été qu'une assertion mensongère des astronomes courtisans d'Alexandrie, n'est-il pas permis de supposer qu'à la suite de l'invasion persane, et, surtout, sous l'influence des idées grecques et romaines, les vieilles traditions auront été, sur bien des points, altérées ? Année vague, année fixe sothiaque, peut-être même, tous les quatre ans, année bissextile (2), ou, — tous les vingt ans suivant d'autres, année avec dix épagomènes, année julienne, année macédonienne, — l'antique calendrier de Memphis, sous l'influence de tant d'éléments disparates, n'avait-il pas fait place à un chaos où devaient se perdre les astronomes, dépourvus de toutes les ressources qui ont fait de l'astronomie moderne une science mathématiquement infaillible ? Com-

[1] On a prétendu, il est vrai, que l'année de 365 jours et un quart était connue des prêtres égyptiens bien avant la réforme du calendrier par Jules César. C'est l'avis de Diodore de Sicile [I, 50 : « Après douze mois de 30 jours, dit-il, les Égyptiens intercalent 5 jours et demi »]; de Strabon et de Macrobe [Saturn., I, 14 : « Post hoc imitatus Cæsar Ægyptio ad numerum Solis, qui diebus CCCLXV et quadrante cursum conficit. »] Mais le silence d'Hérodote à ce sujet permet de conserver quelques doutes

[2] On remarque, parmi les listes des fêtes égyptiennes, un jour nommé la fête du Six. M. de Rougé se demande s'il ne s'agirait point là d'un sixième épagomène, intercalé tous les quatre ans, et jouant le rôle de notre bissextile 29 février [Revue contemporaine, 30 novembre 1862, p. 277]. M. Martin [de Rennes] a supposé, de son côté, qu'une intercalation de cinq jours avait lieu tous les vingt ans. [Robiou, Revue de l'instruction publique, 27 septembre 1866.]

ment retrouver dans ces ténèbres le véritable point de départ de l'ère sothiaque? à quelle sorte d'années en rapporter la supputation? Est-ce faire injure à la science antique que de lui demander si elle fut suffisamment armée (1), et, ajoutons-le, suffisamment dénuée de préjugés et de conceptions *à priori*, pour résoudre à l'unanimité ces difficiles problèmes, obscurcis par là nuit des âges et, quelque peu, par celle des passions? Aussi croyons-nous pouvoir affirmer que diverses solutions furent proposées ; que l'une de ces solutions est celle dont Censorinus nous a conservé le souvenir ; que Manéthon a pu en avoir une autre, que nous avons le droit de demander aux débris informes, mais toujours précieux, de son ouvrage, dernier écho, bien affaibli déjà, des traditions de la patrie. Dans cette recherche, nous allons prendre pour guide le solide travail de M. Rœckerath (2). En voici le résumé.

Manéthon était contemporain de Ptolémée Philadelphe, qui régna de 283 à 247 avant l'ère chrétienne. C'est à sa

---

[1] Ce chaos de l'ancienne astronomie ne serait-il pas confirmé par le fait singulier mentionné par M. de Rougé [*Revue contemporaine*, novembre 1862]? Le savant égyptologue rapporte [p. 263] qu'un traité grec d'astronomie, manuscrit, datant à-peu-près du règne de Ptolémée Philométor, et déchiffré par M. Letronne, contient ce renseignement curieux, à savoir que le solstice d'hiver aurait été fixé par Eudoxe et Démocrite, tantôt au 19, tantôt au 20 du mois d'Athyr [troisième mois des Égyptiens]. « Or, ajoute M. de Rougé, cette assertion ne peut s'accorder avec la véritable place du solstice, ni dans l'année vague, telle qu'elle était au temps de ces deux astronomes, ni dans une année fixe dont le premier jour serait compté au lever héliaque de Sirius. » N'est-ce pas là une preuve de la confusion profonde où étaient tombées les traditions antiques, et des systèmes très divergents par lesquels on s'efforçait d'en ressaisir la trace?

[2] *Biblische Chronologie*, p. 150 et suiv.

prière qu'il écrivit son grand ouvrage sur l'histoire égyptienne. Il semble donc que le prêtre thébain, ami du prince grec, aurait dû pousser son travail jusqu'à l'avènement de la dynastie hellénique, si brillamment inaugurée par Alexandre, en l'an 332 avant J.-C. (en 333 suivant l'usage égyptien mentionné plus haut). Il n'en est rien, cependant. Le Syncelle nous apprend que l'ouvrage de Manéthon n'arrivait pas jusqu'à Alexandre (1), mais qu'il s'arrêtait à-peu-près quinze ans avant l'entrée victorieuse du conquérant macédonien, c'est-à-dire en 349 avant J.-C. Or, en 349, régnait en Égypte Nectanebus II, lequel, mais seulement en 341, c'est-à-dire huit ans plus tard, fut vaincu par les Perses et chassé du sol égyptien. Que Manéthon n'ait pas cru devoir mentionner la dynastie persane qui, au témoignage du Syncelle, ne régna que neuf ans sur l'Égypte, où la dynastie macédonienne la remplaça définitivement, on le comprendrait encore ; mais qu'il ait brusquement arrêté son ouvrage au beau milieu d'un règne, c'est, il faut l'avouer, une singularité qui doit avoir un autre motif qu'un simple caprice de l'écrivain.

Ici, M. Rœckerath signale la haute importance d'un fragment manéthonien qui se trouve égaré dans un des scholiastes de Platon (2). Ce fragment, longtemps négligé, attribue à Saïtès, roi pasteur de la XVIIᵉ dynastie, l'introduction de l'année vague (solaire) en Égypte. Qu'il y ait là

[1] Nous trouvons bien dans Eusèbe la mention d'une XXXIᵉ dynastie [persane]. Mais nous avons vu que les chronographes s'accordent généralement à ne reconnaître que trente dynasties manéthoniennes.

[2] Ed. Müller, fragm. 59. ὁ δὲ Σαιτης προσεθηκε τῷ μηνί ὥρας, ι β′ ως ειναι ημερῶν λ′, και τῶ ενιαυτῷ ημέρας ς′ (ε), και γεγονε ημερὼν τξέ.

une erreur de l'écrivain, une confusion de noms ou de dates dont l'origine nous échappe, nous l'admettons sans trop de peine. Nous constatons néanmoins que la donnée dont il s'agit remonte très vraisemblablement à Manéthon lui-même : nous la trouvons d'ailleurs confirmée par le Syncelle (1), qui ne se trompe que sur un point, c'est qu'il transporte à Aseth, sixième roi de la XVIIᵉ dynastie, ce que Manéthon avait dit de Saïtès.

Ce serait donc au début de la XVIIᵉ dynastie que Manéthon aurait rapporté l'origine de l'année vague. Si maintenant, avec M. Rœckerath, nous additionnons les chiffres qui représentent, dans l'Africain et dans Eusèbe, la durée des dynasties XVII à XXX, nous trouvons précisément un total de 1461 ans, égal, par conséquent, à une période sothiaque courant de l'année 1810 à l'année 349 avant J.-C., cette dernière année ayant été choisie, pour ce motif, comme point final de la chronologie manéthonienne.

Cette argumentation de M. Rœckerath est, on le voit, bien voisine d'une démonstration rigoureuse.

Je sais qu'elle a le tort de ne point pouvoir s'accorder avec l'assertion de Censorinus et de Théon, faisant dater de 1322 avant J.-C. une période sothiaque achevée en l'an 149 de l'ère chrétienne. En revanche, l'hypothèse de M. Rœckerath a le mérite de nous ramener aux calculs de M. Biot, qui fixait en 1780 avant l'ère chrétienne le début d'un cycle de Sothis. Eu égard aux données approximatives auxquelles nous a malheureusement habitués l'an-

[1] Syncelle, éd. Goar, p. 232.

4

tiquité, une différence de trente ans est, jusqu'à un certain point, insignifiante. M. Biot lui-même a pris soin de remarquer qu'une erreur de seize ans pouvait se trouver dans son calcul. Nous sommes libres, dans tous les cas, de voir dans les calculs de Manéthon le fruit d'opinions à lui particulières, modifiées vraisemblablement par ses successeurs, principalement par les astronomes d'Alexandrie. C'était l'avis de l'éminent critique M. Letronne, qui demeura toujours convaincu que le cycle de Sothis, tel que les fragments de Théon et de Censorinus nous le font connaître, se rattache étroitement aux conceptions astrologiques *à priori* qui se mêlèrent à tout dans les premiers siècles de l'ère chrétienne (1).

Toutefois, le total des dynasties XVII — XXX, précisément égal à 1461 ans, nous paraît trop singulier pour ne pas accorder une grande valeur à l'hypothèse de M. Rœckerath.

Reste toute la période comprise entre la Iʳᵉ et la XVIIᵉ dynastie, c'est-à-dire toute la période occupée par les dynasties I — XVI. Allons-nous retrouver dans cette première et plus ancienne période des annales égyptiennes, telle qu'elle nous est donnée par Manéthon, des traces plus ou moins reconnaissables d'une ère sothiaque, introduite, cette fois, d'une manière rétrospective, dans les fastes du peuple égyptien ?

Le fragment manéthonien cité par le scholiaste de Platon nous apprend qu'avant la XVIIᵉ dynastie, l'année égyptienne était une année lunaire de 354 jours. Que cette as-

---

[1] E. de Rougé. *Revue contemporaine*, novembre 1862, p. 368.

sertion soit contredite ou non par la découverte de
M. Lepsius, qu'elle soit fortement infirmée par les études
de M. Biot et les travaux de M. Letronne, peu nous importe
pour le moment ; notre unique but est de constater que le
prêtre thébain admit, à tort ou à raison, l'usage d'une an-
néelunaire de 354 jours, antérieurement à la XVIIᵉ dynastie.

C'est donc en années lunaires que doivent être supputées
les dynasties manéthoniennes I — XVI.

Or, la liste d'Eusèbe, consultée par M. Rœckerath et cor-
rigée sur quelques points seulement, d'après les variantes
données par les manuscrits, nous offre, comme durée totale des dynasties I—XVI, la somme de 3011 ans, que nous
supposons comptés en années lunaires. — 1461 années
solaires correspondent à 1505 années lunaires de 354 jours ;
il en résulte que deux fois 1505 années lunaires, ou
3010 ans, donnent exactement deux cycles de 1461 années,
c'est-à-dire deux cycles sothiaques.

Peut-être même serait-il possible d'aller plus loin, et de
trouver dans Manéthon lui-même le point précis où finit,
dans la liste des dynasties, la première période sothiaque,
et où commence la seconde. M. Rœckerath ayant observé le
caractère manifestement arbitraire des chiffres relatifs aux
dynasties I — IX, en conclut (1) ingénieusement que ces
chiffres auront été choisis à dessein pour constituer, coûte
que coûte, le premier cycle de Sothis ; ce cycle embrasse-
rait par conséquent les neuf premières dynasties, dont le
chiffre total aboutit précisément à 1505 années lunaires,
c'est-à-dire à 1461 années de 365 jours.

[1] Cf. le tableau, à l'Appendice, annexe I.

Nous sommes donc rigoureusement amené à reconnaître
dans la chronologie manéthonienne des dynasties I — XXX
une durée précisément égale à trois périodes sothiaques de
1461 années solaires, soit 4383 années juliennes, courant
de l'an 4732 à l'an 349 avant J.-C.

Cette argumentation sans doute a le défaut de s'appuyer
exclusivement sur le texte manéthonien d'Eusèbe, qui a,
jusqu'à nos jours, obtenu peu de crédit parmi les égyptologues. Ceux-ci, à l'exemple de M. Bœckh, ont généralement donné leur préférence à la recension de l'Africain.

Telle n'est pas l'opinion de l'érudit qui nous a servi de
guide. Tout en admettant que la recension de l'Africain,
émanant, suivant toute vraisemblance, d'un chronographe
antérieur, est une œuvre intelligente, sérieuse, et digne
de considération, M. Rœckerath croit néanmoins y reconnaître une grave méprise qui a eu pour résultat une
très notable divergence, quant au chiffre total, avec la
chronologie de Manéthon. Voici où serait l'erreur :

On a vu que l'année 1322 fut regardée par les Alexandrins comme ayant marqué le début d'une période sothiaque. Nous ne prétendons pas qu'ils aient eu tort sur ce
point; nous croyons seulement, comme nous l'avons dit
plus haut, que Manéthon a calculé d'une autre manière.
L'auteur de la recension qui servit de base à l'Africain
voyait dans l'an 1322 avant l'ère chrétienne le point initial
d'un cycle de Sothis. D'un autre côté, le fait que trois périodes sothiaques se seraient trouvées comprises dans le
système chronologique de Manéthon, ne semble pas lui avoir
été inconnu. Ignorant, toutefois, que les deux premières

périodes se supputaient, dans Manéthon, par années lunaires, il a été amené à placer avant l'an 1322 trois périodes de 1461 années solaires.

C'est aussi le résultat auquel est arrivé M. Bœckh. Il a constaté dans la recension de l'Africain (dynasties I — XXXI, cette dernière persane et omise par Manéthon) trois périodes sothiaques de 1460 années juliennes, antérieures à l'an 1322 avant J.-C., ce qui placerait en 5702 le point de départ des annales égyptiennes.

Dans tous les cas, soit qu'on adopte de préférence la recension de l'Africain, soit qu'on s'attache à celle d'Eusèbe, on arrive de part et d'autre à un résultat identique, qui est de constater dans la chronologie manéthonienne un élément cyclique *à priori*.

Cet important résultat va être confirmé par une nouvelle série d'observations.

Les chronographes des premiers siècles de l'ère chrétienne s'accordent à nous dire qu'indépendamment des trente dynasties mentionnées jusqu'ici, l'ouvrage de Manéthon supposait une série de dynasties divines antérieures aux dynasties humaines, et reportant à un âge fabuleux l'antiquité du sol et du peuple égyptien (1).

---

[1] Que les dynasties divines aient été admises, en Égypte, dès une très haute antiquité, c'est ce qu'atteste le papyrus de Turin [contemporain de la XVIII<sup>e</sup> dynastie], où l'on voit figurer [deuxième fragment], à titre de rois égyptiens, les dieux Seb, Osiris, Set, Horus, Thoth [Hermès] et la déesse Ma. Une longue période de siècles est attribuée au règne de chacun de ces dieux, que suivait une autre série, aujourd'hui indéchiffrable dans le manuscrit. [De Rougé. *Annales de Philosophie chrétienne*, tome **XXXII** de la collection, p. 442.]

Ici, comme on le comprend sans peine, nous sortons entièrement du domaine historique pour entrer sur le terrain de la fable et de la légende. Mais la fable et la légende elles-mêmes ont, au point de vue de la critique, leur importance et leur valeur.

Ce n'est pas à dire qu'une grande uniformité règne, à ce sujet, dans les relations des chronographes. Eusèbe et l'Africain nous mentionnent, il est vrai, dans les dynasties manéthoniennes, trois catégories : les dieux (θεοι), les demi-dieux (ημιθεοι), et les mânes (νεκυες) (1); mais ce n'est que dans l'Eusèbe arménien, réédité par le cardinal Maï (page 93), que nous trouvons un essai de chronologie embrassant tout l'ensemble des traditions égyptiennes.

Malheureusement le texte arménien d'Eusèbe est trop corrompu pour qu'on puisse en faire la base des calculs chronologiques quelque peu solides. D'autre part, les deux recensions d'Annianus et de Panodorus sont le fruit de remaniements arbitraires, ayant pour but, d'abord de ramener la chronologie égyptienne et la chronologie chaldéenne à une seule et même mesure, puis de concilier l'une et l'autre avec la chronologie biblique, telle que l'ont faite les Septante.

[1] Ces Mânes paraissent représenter les personnages héroïques et fabuleux qu'on supposait avoir régné avant Ménès. Un cartouche copié au Caire, par M. Ampère, mentionne un roi Ser ou Sôr [le distributeur], et le prêtre chargé de l'honorer. Ce roi est identifié par M. de Rougé avec le Ser du papyrus de Turin, où il suit de fort près les dynasties divines. Le roi Sent du même papyrus appartient peut-être également à cette dynastie héroïque. [E. de Rougé. *Annales de Philosophie chrétienne*, tome XXXIV de la collection, p. 47.]

Reste la Vieille Chronique. Mais la Vieille Chronique, avec sa division (1) des dynasties en Aurites ou Aërites ·(dieux?), en Mézraïtes (Mezraïm de la Bible), et en Égyptiens, paraît émaner d'une source chrétienne ou juive, bien que les documents sur lesquels elle repose aient pu être empruntés, jusqu'à un certain point, aux traditions manéthoniennes.

Cependant, parmi toutes les données confuses et contradictoires que nous fournissent ces différentes recensions, il n'est pas impossible de tirer quelque lumière, et de ramener ce chaos légendaire à une certaine unité, quant aux détails essentiels.

Un fait important est d'abord établi par le témoignage du Syncelle : c'est que Manéthon aurait parlé de sept dieux qui auraient formé six dynasties occupant une période de 11985 ans. Pour comprendre ce détail, il faut se rappeler que la légende égyptienne plaçait en tête de toutes choses le dieu Vulcain (2), Hephaistos, Phtah (le Créateur), lequel, à ce qu'il semble, n'aurait point été considéré, ainsi que le furent les six dieux suivants, comme formant à lui seul une dynastie. Peut-être a-t-on craint de restreindre sa puissance en

[1] Syncelle, éd. Goar, p. 293.

[2] Le Vulcain du Syncelle devient, dans les autres recensions, Hélios, le soleil. C'est que le Phtah égyptien est le dieu du feu, de la lumière, de la chaleur, ces éléments étant considérés comme les principaux organes de la force créatrice. [Roth, *Geschichte unserer abendlændischen Philosophie.*] Le Syncelle le distingue donc à tort du Soleil, dans lequel il voit le dieu de la première dynastie, au lieu d'Osiris, que la tradition égyptienne plaçait si haut, et que nous retrouvons plus loin [Ve dynastie divine], mais cette fois associé à Isis, par conséquent avec une valeur et une signification différentes.

l'égalant aux dieux qui régnèrent après lui, mais toujours sous sa loi et, en quelque sorte, sous sa suzeraineté. Il y eut donc 7 dieux et seulement 6 dynasties. D'autre part, c'était, dans l'antiquité, un fait généralement reçu, toujours au témoignage du Syncelle (1), que Manéthon avait cru vivre dans la 25$^{me}$ période sothiaque. ¡Vingt-quatre périodes sothiaques seraient donc renfermées dans la chronologie manéthonienne, soit à peu près 36054 années solaires, ce qui placerait en 36403 ans avant J.-C. le point de départ de ces légendaires annales, et donnerait aux dynasties divines une durée de 31671 ans.

Les chronographes chrétiens et juifs rivalisèrent de zèle, on le comprend sans peine, pour abréger une aussi monstrueuse chronologie. Les moines Annianus et Panodorus proposèrent de la supputer, non pas en années, mais en mois lunaires, comme semblait d'ailleurs les y autoriser un passage fameux de Pline l'Ancien (2). Nous croyons néanmoins qu'ils ont fait fausse route, et les résultats qu'ils ont obtenus (3) sont manifestement inacceptables. Comment

[1] Page 97.

[2] *Annum enim alii œstate unum determinabant, et alterum hieme; alii quadripartitis temporibus, sicut Arcades, quorum anni trimestres fuere ; quidam Lunœ senio, ut Ægyptii. Itaque apud eos aliqui et singula millia annorum vixisse produntur.* [ Plin., *Hist. nat.*, VII, 48, éd. Sillig.]

[3] Voici ces résultats :

| | | |
|---|---|---|
| 1. Hephaistos [Vulcain], | 747 ans 4 jours. | |
| 2. Hélios [Rà], | 86 » | |
| 3. Agathodæmon [Sós], | 56 » 1\|2 10 jours. | |
| 4. Kronos [Seb], | 40 » 1\|2. | |
| 5. Osiris et Isis, | 35 » | |
| 6. ? | ? | |
| 7. Typhon [Seti], | 29 » | |

admettre que les Égyptiens aient donné à des règnes divins une aussi faible durée que le supposeraient les calculs des deux chronographes chrétiens, surtout quand on voit le papyrus de Turin assigner à Horschesu, l'un des héros de ces âges anté-historiques, un règne de 13420 ans (1)? Nous croyons donc préférable de maintenir, en son entier, la pensée manéthonienne, et de supputer par années (vraisemblablement lunaires) la chronologie du prêtre thébain, relative aux dynasties divines.

Le texte arménien d'Eusèbe fait régner les dieux en Égypte pendant une période de 13900 ans, après lesquels vient la dynastie des demi-dieux, dont la durée ne nous est pas bien nettement indiquée (2).

| | | | |
|---|---|---|---|
| 8. Oros [demi-dieu, Hor], | | 25 | » |
| 9. Ares | [it.] | 23 | » |
| 10. Anubis | [it.] | 17 | » |
| 11. Heracles | [it.] | 15 | » |
| 12. Apollon | [it.] | 25 | » |
| 13. Ammon | [it.] | 30 | » |
| 14. Tithoès | [it.] | 27 | » |
| 15. Sosos | [it.] | 32 | » |
| 16. Zeus | [it.] | 20 | » |

(1) Robiou, études sur la chronologie égyptienne, *Journal de l'Instruction publique*, 13 septembre 1866.

[2] Il suffit d'observer le tableau suivant pour constater dans le texte arménien la plus grande confusion :

| | | | |
|---|---|---|---|
| I. — Dieux, | | 13900 ans. | |
| II. — Demi-dieux : | | | |
| a. Demi-dieux, | 1255 | | |
| b. Autres rois [Sic], | 1817 | | |
| c. 30 Memphites, | 1790 | 5212 | » |
| d. 10 Thinites, | 350 | | |
| III. — Mânes : | | 5813 | » |
| | Total, | 24925 ans. | |

C'est à peu près le même chiffre qui nous est fourni par le Syncelle. (6 dynasties divines en 11985 ans.)

Mais Eusèbe et le Syncelle nous ont-ils donné vraiment les chiffres égyptiens? Que de confusions n'a pas dû occasionner cette double dynastie de dieux et demi-dieux? Que de remaniements arbitraires n'a-t-elle pas subis, depuis Manéthon jusqu'au Syncelle?

Nous serions d'autant plus porté à y supposer de très nombreuses erreurs et des altérations plus nombreuses encore, que nous trouvons dans Hérodote, antérieur à Manéthon, aussi bien que dans Diodore, qui lui est postérieur, des chiffres beaucoup plus exagérés, et plus voisins, selon nous, des traditions nationales, telles que Manéthon les a nécessairement recueillies.

Il est vrai que M. Lepsins, s'appuyant sur des variantes qu'il croit préférables au texte généralement reçu, prétend pouvoir affirmer que Manéthon n'avait placé qu'une seule dynastie avant Ménès, en lui attribuant une durée arbitraire de 350 ans. Ces 350 ans auraient eu pour but, suivant le même érudit, de faire coïncider le début des dynasties humaines avec une période sothiaque, et pour s'ajouter aux 3555 ans (finissant en 349 avant J.-C.) dont il a été question plus haut. Mais l'assertion d'Hérodote nous semble, sur la question, d'une importance capitale. Suivant lui, les prêtres égyptiens attribuaient à leur peuple une existence très antérieure à Ménès, et voici comment il remplit lui-même cette période anté-historique (1) :

[1] L. II, 43, 144.

1° Les 8 grands dieux.

2° Les 12 dieux.

3° Osiris (Dionysos).

4° Typhon.

5° Horos (Apollon).

6° Ménès.

Depuis les 12 dieux jusqu'à Amasis (fin de la XXX<sup>e</sup> dynastie) 17000 ans.

Depuis Osiris jusqu'à Amasis 1500 ans (1).

Diodore, de son côté, après avoir établi que la domination des rois humains a commencé à peu près 5000 ans avant son arrivée en Égypte, mentionne ce détail, que d'Hélios, (le premier dieu), à Alexandre, les prêtres comptaient 23000 ans, ce qui laisse aux dynasties divines une durée de 18300 ans (2).

Ces chiffres, si capricieux qu'ils soient, nous ramènent du moins d'une manière approximative, à l'assertion du Syncelle, qui place avant Ménès 21 périodes sothiaques.

La Vieille Chronique, de son côté, nous donne, pour le règne des dieux, des demi-dieux et des hommes, un total de 36341 années (lunaires), égal précisément à 25 périodes sothiaques de 1461 ans (3). Enfin, suivant l'hypothèse de

---

[1] Dans les chiffres qui précèdent et dans ceux qui vont suivre, il s'agit très probablement d'années lunaires.

[2] Diod., I, 24.

[3] Ce total se subdivise ainsi qu'il suit :

| | | |
|---|---|---|
| 1. Le Soleil [Râ], | 30000 ans. | |
| 2. Saturne et les douze autres dieux, | 3984 | » |
| 3. Demi-dieux, | 217 | » |
| Total, | 34201 ans. | |

M. Lepsius, le papyrus de Turin admettait 30 dynasties divines ayant régné, d'après l'interprétation de Champollion, 24200 ans(1). Ce chiffre nous rapproche à son tour très sensiblement de celui que nous donne le Manéthon d'Eusèbe (24900) qui, lui-même est bien près de former 16 périodes sothiaques (24837 ans) (2).

De tous ces détails, nous croyons pouvoir conclure que les annales de l'Égypte, avant comme après Ménès, reposaient dans Manéthon, ou tout au moins dans l'ouvrage qui de bonne heure se couvrit de l'autorité de son nom, sur des conceptions cycliques.

Nous croyons avoir assez fortement établi cette assertion pour la période historique qui va de Ménès à Nectanebo. Les derniers détails nous font soupçonner que la période légendaire, antérieure à Ménès, se sera prêtée à des conceptions du même genre, qui furent peut-être ébauchées du temps de Manéthon, mais qui certainement s'affirmèrent

(1) Un fragment du papyrus, qui contient un résumé des dynasties divines et humaines antérieures à Ménès, porte, à la sixième ligne, 17 hen, 11 ans, 4 mois, 20 jours. Si la période nommée hen est supérieure à 2000 ans, comme on paraît le croire aujourd'hui [Robiou, *Journal de l'instruction publique*, 13 septembre 1866], nous voilà bien près des calculs fournis par la Vieille Chronique.

[2] De tous ces chiffres, celui que nous donne la Vieille Chronique pourrait bien représenter la véritable tradition égyptienne, telle qu'elle existait, du moins, aux environs de l'ère chrétienne. 36341 ans nous donnent, en effet, 25 périodes sothiaques. Or, il faut se rappeler que le règne d'un Apis était de 25 ans. De là l'importance du nombre 25, considéré comme nombre mystique. Nous avons dit, d'ailleurs, qu'au témoignage des anciens, Manéthon avait cru vivre dans la 25me période sothiaque ; à la fin de cette période devait avoir lieu, suivant les idées antiques, une rénovation générale ( ἀποκατασασις ) , le *Magus ordo sœcorum* chanté par Virgile. [Bümuller, *Geschichte des Alterthums*, t. I, p. 194.]

après lui, au premier et au deuxième siècle de l'ère chrétienne, dans l'École égypto-grecque d'Alexandrie. Prodigieusement altérées dans les chronographes chrétiens et juifs, ces conceptions se laissent pourtant reconnaître encore à de rares vestiges, dont le Syncelle nous a conservé l'essentiel. Nous en tirons, pour le moment, une seule, mais très importante conclusion : c'est que la chronologie manéthonienne, telle qu'elle nous est parvenue, est une œuvre artificielle, reposant sans aucun doute, pour toute la période historique, sur des traditions exactes quant aux données générales, mais remaniées au point de vue chronologique, avec l'intention évidente de faire du cycle sothiaque la base et la mesure de l'histoire et des annales du pays.

# SECTION DEUXIÈME

## LA CHRONOLOGIE MANÉTHONIENNE CONFRONTÉE AVEC LES MONUMENTS

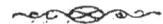

Nous entrons maintenant dans une série nouvelle de développements.

Jusqu'ici nous avons cherché laborieusement, dans les écrivains classiques et dans les chronographes des premiers siècles, le secret à peu près perdu de la chronologie manéthonienne. Nous allons nous adresser désormais à l'Égypte elle-même, à ses monuments épargnés par les années, à ses « pierres éternelles, » que Ramsès-le-Grand se vante, dans le poëme de Pen-ta-our, d'avoir érigées en l'honneur des dieux, à ses papyrus sacrés, à ses hiéroglyphes mystérieux, interprétés de nouveau, après dix-huit siècles de silence, et livrant à la science moderne des secrets contemporains de Ramsès, des Pasteurs et de Mycérinus.

Il faut l'avouer, cependant : l'Égypte n'a pas tenu vis-à-vis de la science du XIX⁰ siècle toutes les promesses qu'elle semblait faire à Champollion et aux premiers investigateurs. Malgré le zèle et le nombre toujours croissant des égyptologues, malgré leurs immenses travaux, et l'importance des inscriptions qu'ils nous ont traduites, plus d'une obscurité plane encore sur l'histoire et sur les annales de cette antique civilisation (1).

L'immense majorité des inscriptions relate des faits d'un intérêt purement privé et sans valeur historique. Les inscriptions officielles sont généralement vagues, emphatiques, et se refusent très-souvent à une classification chronologique tant soit peu certaine (2). Les années sont comptées d'après les années de règne de chaque souverain ; plus tard, sous les Ptolémées, d'après les années de l'Apis régnant. L'ère de Ménophré n'est citée que fort tard, au IV⁰ siècle, par Théon d'Alexandrie ; et même, en admettant qu'il y faille voir une ère spéciale à Memphis (Ménophré), il n'en est pas moins vrai que cette ère n'a été constatée, jusqu'ici, sur aucun monument. Une seule inscription, datant de Ramsès II, et dont il sera question plus tard, mentionne une sorte d'ère remontant à 400 années ; mais on ne voit pas que cette ère ait été autrement connue, et la plus grande incertitude règne encore sur la valeur historique qu'on peut y accorder. Il serait donc téméraire de demander aux monuments et aux papyrus égyptiens une chrono-

---

[1] Il faut, d'ailleurs, se souvenir que les deux tiers seulement du lexique égyptien sont actuellement fixés. Vivien de Saint-Martin. *L'Année géographique*, 1866. Égypte. Archéologie.

(2) Bümuller, *Geschichte des Alterthums*, tome I, p. 188.

logie qu'ils ont vraisemblablement ignorée (1). Aussi notre
but n'est-il pas d'y chercher une base à un système quel-
conque de supputation historique. Nous voulons seulement
comparer Manéthon aux monuments, constater le secours
qu'ils se prêtent mutuellement, et tirer de cette confrontation les résultats que nous avons le droit d'en attendre.

Disons d'abord que Manéthon a singulièrement à se louer
des égyptologues modernes. Le discrédit où le XVII<sup>e</sup> siècle
l'a tenu était manifestement injuste (2). Les monuments
lui ont donné raison, sinon dans le détail, — où nous constaterons plus tard de notables divergences, — du moins dans
l'ensemble général de son œuvre, dans les données essen-
tielles qu'elle contient. Non, l'œuvre de Manéthon n'est
point une œuvre de mensonge et d'imposture. Elle représente, au contraire, une œuvre de critique, telle que
l'antiquité pouvait en produire, c'est-à-dire imparfaite,
très insuffisante, mais digne d'un sérieux examen, et douée
par conséquent, d'une valeur historique considérable.

[1] Ces lignes étaient écrites, et le présent travail rédigé dans
sa plus grande partie, quand nous avons eu connaissance du discours
prononcé par M. Brunet de Presles dans la séance solennelle de l'Académie des inscriptions et belles-lettres du 3 août 1866. « Les questions
si débattues, relatives au calendrier égyptien, a dit l'honorable acadé-
micien, sont à la veille d'être résolues par la découverte récente d'une
inscription hiéroglyphique et grecque qui contient un décret des prêtres
de l'Égypte pour introduire une réforme de l'année. » Nous nous con-
tentons d'observer que ce document nouveau, bien qu'il soit d'une importance incontestable, appartient néanmoins à une époque relativement trop récente pour jeter un grand jour sur le calendrier égyptien
de l'ancienne monarchie.

[2] Seul, à cette époque, Scaliger reconnut aux dynasties manéthoniennes une valeur historique. [*Chronicus Canon, ægyptiacus, hebr.,
græcus. Londini*, 1672.]

Ce qui frappe au premier abord, quand on essaie de se rendre compte des résultats obtenus par les fouilles et les déchiffrements des égyptologues modernes, c'est, je ne dirai pas seulement l'étendue, mais le véritable chaos que présentent les listes royales. On croirait se trouver en face de ces généalogies féodales du Moyen Age, dont une patience de bénédictin peut seule ressaisir la trame complexe, et dénouer les énigmes multipliées.

Cinq listes royales, plus ou moins complètes, nous ont été livrées par l'égyptologie contemporaine.

En voici le catalogue :

1° Le Canon royal hiératique du papyrus conservé au musée de Turin. Ce papyrus a malheureusement subi, dans la traversée, des lacérations considérables qui l'ont morcelé en 164 fragments, qu'il est le plus souvent impossible de rapprocher. Le texte écrit au revers est du temps de la XIXᵉ dynastie, et le papyrus lui-même pourrait bien être de la XVIIIᵉ. Il a été déchiffré par Champollion, par Seyffarth, par M. Brugsch et par M. Lepsius (1).

2° La Table des ancêtres de Touthmès III, dite *Table de Karnak*, et conservée, depuis 1843, à la Bibliothèque impériale de Paris. Le roi (XVIIIᵉ dynastie) est figuré offrant des présents aux princes « des deux Égyptes (2). » Il y en a 61, en quatre lignes.

[1] *Kœnigsbuch der alten Ægypter.* Berlin, 1858.

[2] C'est le nom officiel de l'Égypte [haute et basse] sur les monuments. Il rappelle la dénomination de Mezraïm [au duel], que les Livres Saints donnent à la vallée du Nil. Encore aujourd'hui, l'Égypte s'appelle chez les Arabes la « terre de Mesr. »

3° La première table d'Abydos, au Musée britannique. Cette table provient des ruines du temple d'Abydos, construit ou réparé par Ramsès II (XIXᵉ dynastie). Le roi est représenté assis sur son trône, après avoir offert des présents à ses prédécesseurs, indiqués par une série de cinquante cartouches sur une double ligne. Ce sont aussi les ancêtres de Ramsès II, en remontant jusqu'au roi Ahmès (XVIIIᵉ dynastie), que nous voyons figurer dans la procession funèbre du Ramesséum. Deux rois seulement y apparaissent avant Ahmès, et un autre roi qui paraît être la souche des conquérants de la XIIᵉ dynastie.

4° La table de Sakkarah, appelée par M. Mariette, qui l'a découverte, *table de Memphis*. Elle date, ainsi que la précédente, du règne de Ramsès II, et elle se voit au musée de Boulaq, près du Caire.

5° Une nouvelle table, récemment découverte, par M. Mariette, dans le grand temple d'Abydos. La liste qu'elle renferme, analogue à celles dont il vient d'être question, a sur elles l'avantage d'être admirablement conservée. Elle date de Séti Iᵉʳ (XIXᵉ dynastie), avant le règne duquel 76 rois sont figurés.

On aurait tort, il est vrai, de chercher dans les documents fournis par ces cinq listes un ensemble de résultats à peu près concordants. Ces listes sont-elles, d'ailleurs, des listes officielles (1) ? sont-elles des remaniements de

[1] Celle de Sakkarah est certainement une liste privée. Elle fait partie du monument funéraire élevé au prêtre Heb-Tounar-i, déclaré juste, et, pour cette raison, introduit dans l'assemblée des rois, figurés par 58 cartouches. [Mariette, *Revue archéologique*, nouvelle série, tome X. 1864.] On ne saurait en dire autant des tables d'Abydos et de Karnak.

listes plus anciennes ? ont-elles été arbitrairement modifiées ? quel principe a présidé à ces classifications dynastiques ? Autant de problèmes qui seront peut-être résolus
quelque jour, mais sur lesquels nous n'avons encore que
bien peu de lumières.

Ce qui paraît certain au premier abord, c'est qu'une critique assez capricieuse a présidé à la rédaction de ces divers
documents. Nous ne parlons pas seulement des inscriptions
lapidaires, où les érudits ont constaté des lacunes dont la raison nous échappe le plus souvent, bien qu'on puisse au besoin
les justifier par les exigences du monument, par l'étendue
plus ou moins grande de la surface mise à la disposition de
l'artiste, et par les difficultés du travail. Mais prenons, par
exemple, le papyrus hiératique de Turin, rédigé à l'époque
la plus brillante de la dynastie des Ramsès. Après la colonne consacrée à Ménès, à Atothis et à leurs successeurs,
apparaît soudain une colonne occupée par une ou plusieurs
dynasties divines, qui, manifestement, sont là hors de leur
place naturelle. Que dire de documents sacerdotaux rédi-
gés avec un tel mépris des lois les plus simples de la critique, que les dynasties humaines et historiques sont
confondues avec les dynasties héroïques et légendaires (1) ?

Une autre observation qui est, on le conçoit, d'une très
grande valeur, porte sur le nombre des rois que nous fournissent les documents en question, comparés aux listes
manéthoniennes. Le fait qui se présente est celui-ci.

Dans plusieurs cas, les monuments indiquent plus de

[2] E. de Rougé. Travaux de M. de Bunsen. *Annales de Philosophie
chrétienne*, tome XXXIII de la collection, p. 376.

rois que Manéthon : de sorte que le prêtre thébain semble avoir abrégé dans son travail des listes plus étendues, plus complètes que n'est la sienne.

Ailleurs, le contraire a lieu : les monuments abrégent à leur tour. Le tableau suivant permettra de constater, par un simple coup-d'œil, les divergences dont nous parlons.

### PREMIÈRE DYNASTIE.

|  |  | Nombre de Rois. |
|---|---|---|
| Manéthon | l'Africain, | 8 |
| d'après | Eusèbe, | 5 |
| Table de Sakkarah, |  | 2 |

### DEUXIÈME DYNASTIE.

| Manéthon, | 9 |
|---|---|
| Ératosthène, | 2 (1) |
| Table de Sakkarah. | 6 |
| Papyrus de Turin, | 6 |

### TROISIÈME DYNASTIE.

| Manéthon | l'Africain, | 9 |
|---|---|---|
| d'après | Eusèbe, | 8 |
| Ératosthène, |  | 5 |
| Table de Sakkarah, |  | 8 |
| Papyrus de Turin, |  | 6 |

[1] M. de Bunsen essaie en vain, pour les besoins de sa cause, d'éliminer ces deux rois de la IIᵉ dynastie pour les reporter à la IIIᵉ [memphite]. M. de Rougé a prouvé péremptoirement [*loc. cit.*] qu'il fallait les maintenir à la place qu'Ératosthène leur a donnée.

### QUATRIÈME DYNASTIE.

| | | |
|---|---|---|
| Manéthon | l'Africain, | 8 |
| d'après | Eusèbe, | 17 |
| Ératosthène, | | 6 |
| Table de Sakkarah, | | 8 (peut-être 9). |

### CINQUIÈME DYNASTIE.

| | | |
|---|---|---|
| Manéthon | l'Africain, | 8 (9) |
| d'après | Eusèbe, | 31 |
| Ératosthène, | | 0 |
| Table d'Abydos, | | 12 (?) |
| Table de Sakkarah, | | 8 |
| Papyrus de Turin, | | 21 (22 ?) |

### SIXIÈME DYNASTIE.

| | | |
|---|---|---|
| Manéthon | l'Africain, | 6 |
| d'après | Eusèbe, | 3 (?) |
| Ératosthène, | | 3 |
| Table de Sakkarah, | | 4 |

M. de Bunsen a essayé d'expliquer, sur plusieurs points, ces divergences, en supposant que Manéthon a pris pour des noms distincts de simples épithètes ou surnoms appliqués primitivement à un seul et même personnage. Ainsi, dans la première dynastie, Kenkénès (n° 3 de Manéthon) serait identique à Atothis (Hermogénès d'Ératosthène), successeur immédiat de Ménès. Océnéphès, Ousaphaïdos, Biénéchès (n°ˢ 4, 5 et 8 de Manéthon) seraient des transcriptions diverses du sixième roi, Miébidos (Maëbaës, Diabiès, φιλέταιρος), d'Ératosthène (1).

[1] Ou plutôt φιλοταῦρος, traduction exacte de *mai baès*, aimant le dieu-taureau [*Bisa-Basis*, le taureau sacré].

Mais ces suppositions sont écartées par le papyrus de Turin, qui donne, comme Manéthon, au règne de Ménès une durée de 60 et quelques années (Manéthon, 62), et au total de la première dynastie une durée de 200 ans et plus, vraisemblablement analogue aux 262 ans de Manéthon. Les cinq rois d'Ératosthène n'ont pu, évidemment, remplir une période de cette étendue, et il faut bien reconnaître qu'une concordance aussi remarquable entre le papyrus de Turin et Manéthon est une garantie très forte en faveur du prêtre thébain et des traditions nationales qui servirent de base à son ouvrage.

La V<sup>e</sup> dynastie nous fournira, en particulier, le sujet d'importantes observations. C'est, suivant Manéthon, une dynastie éléphantine. Il n'en est pas question dans Ératosthène. En revanche, on ne saurait nier que les monuments n'accordent à cette dynastie une longue durée et un nombre assez considérable de rois. Le papyrus de Turin, en particulier, outre quatre rois manéthoniens, présente dix-huit cartouches de noms déchirés, mais où les années se lisent encore, bien que le chiffre total soit malheureusement lacéré. Ce chiffre nous rapprocherait des 31 rois mentionnés dans le Manéthon d'Eusèbe. Au contraire, le Manéthon de l'Africain ne nous offre que 8 rois, ayant régné 248 (ou 218) ans. Ici, M. de Rougé (1) admettrait volontiers que non seulement l'Africain, mais Manéthon lui-même, a pu sciemment abréger les listes fournies par les monuments, en particulier par les papyrus hiératiques analogues à celui de Turin.

(1) Travaux de M. de Bunsen. *Annales de Philosophie chrétienne,* tome XXXIV, p. 64.

Quel a pu être le but de ces abréviations chronologiques ?
Trop de siècles nous séparent de ces premiers essais de
critique historique pour que nous puissions former, à ce
sujet, quelque conjecture sérieuse. Nous constaterons seulement que, sur plusieurs points de sa chronique, le prêtre
égyptien s'est trouvé en face de documents, de souvenirs
tellement abondants, qu'il a dû faire un choix, parmi ces
matériaux qui s'offraient à lui, — choix déterminé, sans
aucun doute, par une méthode scientifique, mais arrêtée,
dont le critère nous fait malheureusement défaut.

Nous allons confirmer ces premières observations par des
chiffres d'ensemble, empruntés aux monuments, et con-
frontés avec le système manéthonien.

Voici, par exemple, le tableau comparatif des dynasties
I à XVIII (exclusivement) :

De Ménès à Amosis :

| | | |
|---|---|---|
| Tables d'Abydos, | 39 | rois. |
| Tables de Karnak, | 57 | » |
| Tables de Sakkarah, | 46 | » |
| Manéthon { l'Africain, | 416 | » |
| Eusèbe, | 344 | » (plus $x$ rois de la XV$^e$ dynastie.) |

Puis, d'Amosis à Ramsès II (inclusivement) :

| | | |
|---|---|---|
| Tables de Sakkarah, | 12 | rois. |
| Tables d'Abydos, | 11 | » |
| Manéthon (l'Africain), | 18 | » |

Ici, on le voit, ce sont les monuments qui abrègent, et
c'est Manéthon qui allonge ses listes, bien que, sur plu-

sieurs points particuliers, comme pour la Vᵉ dynastie, il se
soit permis les notables coupures que nous avons signalées.

De la part des monuments, nous l'avons dit déjà, l'abréviation se conçoit. Les monuments ne sauraient avoir la
prétention de reproduire, sur un espace généralement restreint, la série complète des dynasties nationales. L'artiste
se borna nécessairement à reproduire, soit les personnages
les plus saillants, soit les dynasties qui, pour une raison
ou pour une autre, intéressaient d'une manière plus spéciale le roi dont le monument lui était confié. On peut supposer, par exemple, qu'il s'attacha principalement aux
dynasties ou aux princes que leur origine, leur résidence,
ou même des liens de parenté, rattachaient plus intimement au prince dont ils avaient à honorer la mémoire. C'est
ainsi que s'expliqueraient certaines lacunes qui semblent
assez étranges au premier abord. Ainsi, les tables d'Abydos font de Ramsès Iᵉʳ (XIXᵉ dynastie) le successeur immédiat du roi Horus (Hor), qui en est séparé, dans Josèphe
et Manéthon, par six noms de souverains.

Les mêmes tables omettent encore, dans cette dynastie,
les noms des reines régentes, dont le règne est solidement
attesté par les monuments. Il est vrai que cette dynastie,
dont la fin fut si brillante, paraît avoir été contrariée dans
son début, non seulement par des régences multipliées,
mais encore par de véritables usurpations de princes illégitimes, dont les monuments ont été martelés ou même ren-
versés.

Enfin, les tables d'Abydos et de Sakkarah, après avoir
mentionné Ahmès (XVIIIᵉ dynastie), franchissent d'un

bond onze siècles, et remontent, sans aucune espèce d'in-
termédiaire, à la XIIᵉ dynastie. Cette lacune a été très-
ingénieusement expliquée par M. de Rougé (1). Le dernier
souverain de la XIIᵉ dynastie est Sevek-Nofréou. Manéthon
en fait une reine. Ce seraient les descendants de cette reine
qui auraient occupé le trône après elle. Touthmès, qui appartient à cette race, honore, dans les tables de Karnak, à
titre d'ancêtres, les souverains de cette période, tandis que
Ramsès, issu d'une autre famille, se rattache immédiatement, sur les tables d'Abydos, à la XIIᵉ dynastie.

On voit par là que les monuments n'ont pas toujours
abrégé sans motifs.

D'autre part, nous ne devons pas nous étonner de rencontrer, sur certaines listes monumentales, une série de
cartouches qui ne semblent pas renfermer des noms de
rois, mais bien les noms de plusieurs ancêtres de la dynas-
nastie, qui s'étaient, paraît-il, illustrés dans la vie privée,
et dont les descendants tenaient à honorer la mémoire,
comme pour faire rejaillir sur elle la gloire et l'honneur
dont ils étaient eux-mêmes revêtus. C'est ce qui a lieu, par
exemple, dans les tables de Karnak, où le roi Apap-Maïré,
le Phiops de Manéthon (VIᵉ dynastie), se trouve relié à la
XIIᵉ dynastie par une série purement généalogique (2) ;
aussi bien que dans la procession du Ramesséum, où le roi
Ahmès, fondateur de la XVIIIᵉ dynastie, ne se trouve séparé de Ménès que par le roi Ranebtou Ménemotep, auquel
une série d'alliances le rattachait (3).

[1] *Annales de Philosophie chrétienne*, tome XXXIV, page 430.
(2) Côté gauche de la salle, numéros 12-17 de la série générale [sui-
vant M. de Rougé].
(3) E. de Rougé, *Annales. Loc. cit.*

M. de Bunsen, de son côté, croit retrouver un fait analogue dans la liste de la V⁰ dynastie des tables d'Abydos ;
mais, ainsi que M. de Rougé le fait observer, les cartouches
d'Abydos, bien que s'éloignant beaucoup, pour cette dynastie, des noms donnés par Manéthon, renferment néanmoins, pour la plupart, le prénom royal Râ, qui exclut,
par conséquent, l'hypothèse de simples particuliers insérés
dans une liste princière.

Nous ne parlons que pour mémoire des fautes qui se
sont plus ou moins évidemment glissées dans l'ordre des
cartouches, par suite de la négligence et de l'inattention
des artistes secondaires chargés de graver sur la pierre et
le granit les séries dynastiques qu'on leur livrait toutes
faites. Nous mentionnerons deux de ces erreurs singulières.
L'une d'elles se trouve sur la table de Karnak, dont nous
venons de parler. Après avoir couru sur les deux côtés de
la salle de droite à gauche, dans l'ordre chronologique, les
cartouches royaux, après le numéro 17, rencontrent tout-à-
coup le cartouche de Ra-nofré, ou Sébek, qui, dans l'ordre
vrai, est le trente-et-unième, et à gauche duquel se placent
successivement, dans un ordre rétrograde, les cartouches
30-18 (1).

Un autre exemple d'erreur analogue nous est fourni par
les tables de Sakkarah, où les cartouches, après avoir ré-
trogradé de droite à gauche (nᵒˢ 1 à 12), du plus nouveau
au plus ancien, changent brusquement de marche (1), et,
sans quitter la direction de droite à gauche, vont du plus
ancien au plus nouveau.

[1] *Revue archéologique.* 1864. Article de M. Mariette.

Nous ne donnons tous ces détails que pour bien faire comprendre la nature des listes monumentales, les lacunes qu'elles présentent, les erreurs qui ont pu s'y glisser, et, par suite, la valeur relative des documents de cette nature, comparés aux traditions manéthoniennes.

Nous avons donc constaté sur plusieurs points un désaccord notable entre Manéthon et les monuments, quant au nombre des rois. Les monuments, avons-nous dit, avaient, pour abréger les listes, des motifs de diverses natures. Mais ces motifs n'existaient pas pour Manéthon, et les abréviations qu'il s'est permises sont évidemment autre chose qu'un caprice d'écrivain.

C'est ici le cas de mentionner un détail peut-être plus significatif encore.

Non seulement Manéthon abrége, sur plusieurs points, les listes monumentales, mais il omet entièrement certaines dynasties, certaines séries princières dont les monuments les plus authentiques attestent formellement l'existence. Ainsi, la table de Karnak mentionne, parmi les ancêtres de Touthmès, un roi Smen-tet (littéralement, celui qui donne la stabilité au double monde, c'est-à-dire à l'Égypte). Or, Smen-tet (1) est entièrement inconnu de Manéthon, bien que ce prince ait été, à ce qu'il paraît, le chef d'une dynastie dont les ruines de Memphis ont conservé quelques cartouches, et qui paraît, elle aussi, avoir été omise tout entière par l'annaliste égyptien (2).

---

(1) M. de Bunsen prétend l'identifier avec le fabuleux Ismandès-Osymandias des traditions grecques, qu'on ne sait où classer dans la série des souverains de l'Égypte ancienne.

(2) E. de Rougé. *Annales;* tome XXXII, p. 440-441.

Voici donc, suivant toute vraisemblance, une dynastie négligée par Manéthon ; il supprime ici, ailleurs il abrége. Ces suppressions et ces abréviations n'ayant pu être arbitraires, nous sommes inévitablement amené à en rechercher les motifs.

L'hypothèse qui se présente le plus naturellement à l'esprit est celle que nous avons mentionnée dans la première partie de cette étude ; c'est l'hypothèse des dynasties simultanées, qui, depuis Josèphe et Eusèbe jusqu'à M. de Bunsen et M. Brugsch, s'est imposée comme invinciblement aux chronographes de tous les temps, et les a guidés, avec plus ou moins de bonheur, dans l'inextricable labyrinthe de la chronologie égyptienne.

C'est cette même hypothèse qui a fait, jusqu'à présent, et qui fera longtemps encore le plus grand intérêt des immenses travaux de déchiffrement qui se poursuivent en Égypte depuis soixante années, et qui promettent à la science de si importants résultats. C'est donc aux monuments, aux inscriptions, aux listes royales, gravées sur la pierre ou confiées aux papyrus sacrés, que nous allons nous adresser, cette fois, pour voir :

1° S'ils confirment ou nom l'hypothèse des dynasties simultanées ;

2° S'ils justifient ou non, par le détail, le système de chronologie attribué à Manéthon.

Ce double examen, nous allons, pour simplifier, le conduire de front, sauf à séparer plus tard les conclusions que nous avons le droit d'en attendre.

Rappelons, avant tout, que l'hypothèse des dynasties simultanées, soutenue avec éclat dans ces derniers temps par M. de Bunsen, repose principalement sur la liste d'Ératosthène, où l'on nous invite à voir la succession des dynasties maîtresses, — résidant à Memphis, plus tard à Thèbes, — à l'exclusion des dynasties provinciales, qu'on suppose avoir été des dynasties secondaires et simultanées.

Il serait très précieux, on le comprend sans peine, d'avoir sur les dynasties égyptiennes, non pas seulement le témoignage d'inscriptions et de listes rédigées postérieurement à ces dynasties elles-mêmes, mais bien le témoignage des documents originaux, contemporains, authentiques, à l'aide desquels il nous serait permis de reconstituer, pièce par pièce, les races princières de la vieille Égypte, de préciser leur résidence, de fixer les limites de leur empire, d'y reconnaître, en un mot, soit des dynasties maîtresses possédant « les deux Égyptes, » comme disent les inscriptions, soit, au contraire, des dynasties locales et subalternes. Si, en effet, ces dynasties ont régné sur toute l'Égypte, on doit partout retrouver les traces de leur domination, au Sud comme au Nord du pays, près des cataractes comme dans le Delta. Que si plusieurs dynasties ont été partielles, chacune d'elles aura son territoire propre, limité, et les monuments qu'elle a construits occuperont sur la carte de la contrée un espace restreint.

Par malheur, nous sommes loin de posséder au sujet des dynasties, principalement des plus anciennes, cette série non interrompue de monuments contemporains qui jetterait une lumière si éclatante sur les ténèbres de ces temps reculés (1).

(1) Je n'ai pu, malheureusement, consulter le récent travail de

Non seulement la première dynastie, que l'on pourrait
considérer, à la rigueur, comme une dynastie semi-légendaire (1), mais la deuxième et la troisième, ne comptent
que quelques rares monuments. Cependant, un cartouche
de la plus haute antiquité mentionne le roi Kékéou ou
Kakou, dont le nom se rapproche évidemment du Kaiekos
de Manéthon (II<sup>e</sup> dynastie). De plus, le tombeau de Tot-
hotep a été trouvé, encore en place, dans les fouilles entreprises par M. Mariette à Sakkarah, et déjà le musée du
Louvre possédait, comme monuments de cette époque reculée, les trois statues des fonctionnaires Sepa, découvertes, il y a quarante ans, aux pyramides, tandis que le
musée de Berlin s'enrichissait, par les soins de M. Lepsius,
du tombeau et de la statue d'Amten, contemporains de
l'avant-dernier roi de la III<sup>e</sup> dynastie (2).

Après ces trois premières dynasties il en vient une, la
quatrième, dont il nous reste, par bonheur, de magnifiques vestiges. C'est à cette dynastie, siégeant à Memphis, que nous devons les grandes pyramides. Son règne a
marqué pour l'Égypte une période de civilisation, de splendeur architecturale qui a été pour ce pays l'ère vraiment
classique, que les siècles postérieurs ont essayé de repro-

M. de Rougé : *Recherches sur les monuments qu'on peut attribuer aux
six premières dynasties de Manéthon.* Mémoires de l'Académie des
inscriptions et belles-lettres. 1866.

[1] Il faut faire, néanmoins, une exception en faveur de la plus ancienne pyramide, celle de Cochoné, que M. Brugsch attribue, d'après
Manéthon, au quatrième roi de la I<sup>re</sup> dynastie, à Ouénéphès : *qui
pyramidas apud Chochonem erexit* [apud *Syncell.*].

[2] Mariette, *Aperçu de l'Histoire ancienne de l'Égypte.* Paris, 1867,
page 76.

duire, sans la dépasser. Nous ne serons donc pas étonné de retrouver sur les monuments contemporains, en particulier aux pyramides et aux tombeaux de Gizeh, la série à peu près complète de ces rois, telle que Manéthon et Ératosthène nous l'ont laissée. La IV<sup>e</sup> dynastie a pris soin de s'attester elle-même (1).

[1] Voici le tableau comparatif de cette dynastie, emprunté à M. de Rougé. [*Annales*, tome XXXIV, p. 56.]

| MANÉTHON (l'Africain) | ÉRATOSTHÈNE | MONUMENTS. | |
|---|---|---|---|
| 1. Soris. | | | |
| 2. Souphis. | Saophis. | Khoufou. | grande |
| | | (Chéops d'Hérodote) | pyramide. |
| | | | inscription au Sinaï. |
| 3. Souphis II. | Saophis II. | Khnoum Khoufou. | grande |
| | | | pyramide. |
| 4. Menchérès. | Moschérès. | Menké-Ra. | 3<sup>e</sup> pyramide. |
| | | (Mycérinus d'Hérodote). | |
| 5. Rathoîsès. | Rayosis. | Menké-Ra II. | 4<sup>e</sup> pyramide. |
| 6. Bichérès. | Biyris. | | |
| 7. Séberchérès. | | Néfrou-Iri-Kéra. | plaine de |
| | | | Gizeh. |
| 8. Tamphtis. | Pammès. | Schafra. | plaine de |
| | | (Chéphrem d'Hérodote) | Gizeh; |
| | | | (sa statue est au musée |
| | | | de Boulaq). |

Outre les monuments splendides élevés par les rois de cette dynastie, où leurs noms se lisent encore, nous possédons, grâce aux stèles, aux tombeaux particuliers, une liste tellement complète des fonctionnaires contemporains, que M. Lepsius a cru pouvoir affirmer qu'il se trouvait en état de dresser l'almanach royal du temps de Chéops.

Aucun doute n'est donc possible relativement à la IVᵉ dynastie. Il faut en dire autant, toutes proportions gardées, de la Vᵉ et de la VIᵉ dynastie. La Vᵉ dynastie compte, nous l'avons vu, 9 rois dans l'Africain, 8 dans la table de Sakkarah, 12 dans la table d'Abydos, 21 dans le papyrus de Turin et 31 dans Eusèbe. De ces rois, les monuments contemporains nous en ont conservé quatre seulement, à savoir : Ouséserkef (1) (Ouserkérès de l'Africain), Séphrès (2) (Snéfrou), Néfroukéra (Népherkérès) et Ounas (3) (Obnos).

Pour ce qui est de la VIᵉ dynastie, quelques cartouches en ont survécu, d'abord celui d'Apap-Maïré, identique, suivant M. de Rougé, au Mœris des Grecs, et auteur du lac fameux, aujourd'hui comblé par les sables (4).

[1] Cartouches à Berché et à Gizeh.

[2] Grand nombre de monuments.

[3] Cartouches sur des vases provenant d'Abydos.

[4] Les cartouches d'Apap ont été retrouvés à Silsilis et au Sinaï. Quand au lac lui-même, il ne reste plus que quelques traces de la chaussée qui le fermait autrefois. Nous avons vu qu'Hérodote fait dater le lac Mœris du roi Marès-Lamparès [Amménemhès], de la XIIᵉ dynastie. M. Brugsch, M. Lepsius, et, après eux, M. Mariette, ont adopté cette tradition, à laquelle M. de Bunsen et M. de Rougé sont décidément contraires. Le dernier savant s'appuie sur un argument très solide : le lac Mœris avait pour but de fertiliser e désert inhabitable du Fayoun ; or, au cœur même du Fayoun, à Bégig, se trouve un obé-

Quant à la reine Nitocris (Nitotris) d'Ératosthène, la Rhodope des Grecs, « la belle aux joues roses » des traditions égyptiennes, on s'attendait à trouver son tombeau dans la troisième pyramide, que Manéthon lui attribue expressément. On y trouva, il est vrai, les débris du cercueil de Menkérès (Mycérinus); mais les observations de l'ingénieur Perring, recueillies par M. de Bunsen, prouvent que le monument a été bâti une première fois, puis agrandi très notablement et orné, à cette occasion, d'un magnifique revêtement de granit rose de Syène. Cette œuvre d'agrandissement et d'embellissement aura été celle de Nitocris, qui s'y sera fait ensevelir dans la chambre qui précède celle de Mycérinus, et où l'on a trouvé en effet, des fragments de basalte bleu qui ont dû appartenir à son sarcophage.

On voit que des six premières dynasties, une seule, la IV<sup>e</sup>, est bien formellement et bien complètement affirmée par des monuments authentiques et contemporains. C'est une dynastie memphite, ainsi que la III<sup>e</sup> et la VI<sup>e</sup>.

Si ces dynasties ont réellement été des dynasties maîtresses, si leur empire s'est étendu sur l'Égypte entière, les monuments qu'elles ont élevés doivent se retrouver sur toute la surface du pays. C'est ce qui a lieu, en effet, pour la IV<sup>e</sup> dynastie, dont les vestiges ont été retrouvés jusqu'au

lisque portant le nom de Sésourtasen I, dont Amménèmès n'est que le quatrième successeur. Pour qui connaît les coutumes architecturales de l'ancienne Égypte, cet obélisque suppose un temple, et, par conséquent, un centre important de population. Donc, le lac devait exister déjà du temps de Sésourtasen I, et Amménèmès n'aura fait que compléter et perfectionner les travaux du roi Apap-Maïré. C'est dans ce sens qu'il faut entendre les inscriptions alléguées par MM. Lepsius et Brugsch.

6

Sinaï. Donc il s'agit bien là de dynasties maîtresses et souveraines, et non de dynasties locales et subordonnées. Restent la I<sup>re</sup> et la II<sup>e</sup> dynasties, qui sont, au dire de Manéthon, Thinites, et la V<sup>e</sup>, dont il fait une dynastie éléphantine. Pour ce qui regarde la I<sup>re</sup> dynastie, les monuments nous manquent, comme il a été dit plus haut. Toutefois, les traditions égyptiennes, confirmées d'ailleurs par la vraisemblance historique, se sont toujours accordées à voir dans Ménès un roi législateur et conquérant qui organisa le premier la nationalité égyptienne, en réunissant sous son sceptre les provinces, jusqu'alors isolées (1). C'est ce qui ressort, en particulier, de l'étude pleine d'intérêt que M. de Bunsen lui a consacrée (2). Suivant ces mêmes traditions égyptiennes, Ménès fut le fondateur de Memphis, dont le sol fut par lui conquis sur le fleuve. Nul doute que Memphis n'ait été la capitale de la I<sup>re</sup> dynastie. C'est pourtant cette dynastie, résidant à Memphis, seule maîtresse, à ce qu'il semble, du sol de l'Égypte, — c'est cette dynastie que Manéthon nomme une dynastie thinite, sans doute à cause de l'origine de Ménès, qui naquit et peut-être régna primitivement dans le nome Thinite, avant de se transporter à Memphis.

Il suivrait de là que Manéthon a prétendu indiquer *l'origine* plutôt que la *résidence* des dynasties.

N'oublions pas, d'ailleurs, que, des huit rois de la I<sup>re</sup> dynastie, cinq se retrouvent dans Ératosthène. Peut-être dira-t-on que la I<sup>re</sup> dynastie doit être considérée comme

[1] Volney. *Nouvelles recherches sur l'Histoire ancienne.*
[2] *Ægyptens Stelle in der Weltgeschichte.*

une dynastie exceptionnelle et semi-légendaire. Voici la seconde qui est également thinite dans Manéthon. Elle est, il est vrai, à peine reconnaissable dans Ératosthène. Elle y figure cependant, quoique fort abrégée (deux rois sur neuf), comme M. de Rougé l'a péremptoirement établi contre M. de Bunsen. Une glose annexée au texte d'Ératosthène, suivant l'usage égyptien (1), permet de reconnaître, dans le roi colossal (περισσομελης) de l'écrivain grec, le géant Sésochris de Manéthon (2).

Un détail important se présente à ce sujet. Le Sésochris de Manéthon appartient à la IIᵉ dynastie, qui est, suivant lui, thinite. Au contraire, le Moncheiré περισσομελης d'Ératosthène est spécialement désigné comme memphite (μεμφιτης). D'autre part, les rois de la IIᵉ dynastie (thinite) de Manéthon nous apparaissent sur les monuments comme des princes ayant joué un grand rôle politique et religieux. Sous le règne de l'un d'eux est introduit le culte des animaux sacrés (2). Sous Biophris ou Binothris, la loi rend les femmes aptes à la couronne (3). De telles révolutions, demande M. de Rougé, sont-elles explicables avec une dynastie provinciale, secondaire et nécessairement obscure? Enfin, n'oublions pas que le cartouche du Kaiekos de Manéthon, c'est-à-dire de Kakéou ou Kakou, a été retrouvé dans les tombeaux les plus anciens de la plaine de

[1] On retrouve des gloses de ce genre jusque dans le papyrus de Turin.

[2] Il avait, dit Manéthon, une taille de cinq coudées et une épaisseur de trois palmes.

[3] Eusèbe *ap.* Syncell.

[4] Id. *Ibid.*

Memphis. Tous ces détails nous amèneraient à croire que la IIe dynastie (thinite) de Manéthon a dû être, comme la Ire, une dynastie memphite, soit qu'elle régnât simultanément sur les deux villes, Memphis et Thinis, soit plutôt que cette dynastie, d'origine thinite, ait, de fait, régné à Memphis, la grande et puissante capitale de ces époques reculées.

Reste la Ve dynastie de Manéthon. Il en fait une dynastie éléphantine. Ératosthène, de son côté, l'omet entièrement. Est-ce à dire que nous soyons, cette fois, en face d'une dynastie locale et secondaire? Mais, au témoignage de M. de Rougé, les serviteurs des rois Snéfrou (Séphrès de Manéthon), et Néfroukéra (Népherkérès), ont gravé leurs légendes sur les rochers de la presqu'île du Sinaï (1). « Ce très ancien domaine des Pharaons n'appartenait certainement pas à un petit prince d'Éléphantine. » De plus, le roi Snéfrou, déifié après sa mort, fut, à Memphis même, l'objet d'un culte que les siècles n'avaient pas fait tomber en désuétude au temps des Ptolémées. Comment prétendre que ce demi-dieu memphite n'ait pas été, de son vivant, roi de Memphis? Et ce que nous disons de ce roi, nous pourrions le dire de la série entière, car M. Lepsius a lu dans les tombes de Memphis tous les cartouches de la Ve dynastie, dite éléphantine par Manéthon, et M. Mariette cite également les magnifiques tombes, datant de cette dynastie, qui ont été trouvés dans les fouilles de Sakkarah (2). Ainsi, pour tout ce qui regarde cette antique période de l'histoire

[1] Voir les planches du *Voyage* de M. de Laborde.
[2] *Aperçu de l'Histoire d'Égypte*, p. 18.

(dynasties I à VI de Manéthon), le système des dynasties simultanées n'est pas confirmé par les monuments.

Avec la VI⁰ dynastie commence, pour l'histoire d'Égypte, une période de troubles et d'anarchie qui se traduit, dans Manéthon, par des singularités chronologiques difficilement acceptables. Cette période embrasse les dynasties VI à XI. De ces six dynasties, quatre sont memphites ou thébaines (dynasties VI, VII, VIII, XI), deux sont d'Héracléopolis (IX et X) ; ce sont justement ces deux dynasties qui jouent dans Manéthon le principal rôle ; elles comptent, à elles deux, 38 rois en 592 ans, ce qui donne pour chaque roi une moyenne de quinze ans de règne, tandis que les dynasties VII, VIII et XI n'occupent avec leurs 113 rois qu'une durée de 189 ans (1). Les deux dynasties héracléopolites auraient donc eu, vraisemblablement, la suprématie durant toute cette période, et ce fait semble confirmé par la table de Karnak, sur laquelle le roi Apapus (VI⁰ dynastie) se trouve relié à la XII⁰ dynastie par une succession, sans doute abrégée, d'au moins six princes Énantef, qui ne portent pas le titre royal, lequel se trouve seulement annexé au dernier Énantef, « bienfaisant seigneur des deux mondes (l'Égypte). » La momie de celui-ci, trouvée à Thèbes, dans son tombeau, portait encore un bandeau royal, qui a été transporté au musée de Leyde.

D'autre part, le nom d'un roi Téti ou Atet a été retrouvé par M. Prisse sur un monument funéraire, à Zaouyet-el-Meyteyn, alternant trois fois avec le nom du roi Apapus (Apap-Mœri de la VI⁰ dynastie). C'est ce même Téti qui

[1] *Cf.* le tableau, à l'Appendice, annexe I.

apparaît sur la table de Karnak avec le surnom royal, et
précédant, sans doute à titre d'ancêtre, la série des princes
Men..... et Énantef, qui n'arrivent au pouvoir royal qu'a-
près sept générations au moins, et peut-être même après un
laps de temps beaucoup plus considérable, si l'on se souvient des tendances abréviatives de la table de Karnak (1).

M. de Rougé a donc supposé (2), avec une grande
vraisemblance, que la descendance du roi Téti, successeur
et même associé du roi Apap-Maïré, a pu jouir, dans la
haute Égypte, durant toute la période qui embrasse les dynasties VI à XII, d'une existence élevée et quasi indépendante (3) ; ce qui confirme, pour cette période, l'hypothèse
d'une ou de plusieurs dynasties (memphite, thébaine, etc.),
coexistant avec la dynastie d'Héracléopolis.

La ligne thébaine, descendant du roi Téti (VIᵉ dynastie),
nous aurait donc été conservée par les tables de Karnak.
La ligne memphite, au contraire, descendant d'Apap-Maïré
(Mœris), serait, au jugement de M. de Rougé, spécialement
représentée par les tables d'Abydos, où se retrouvent en
effet les rois Néfroukéra, qui, sur le papyrus de Turin,
suivent le cartouche de la reine Nitocris.

Quant à la XIᵉ dynastie (thébaine), Manéthon, en

[1] Par exemple, pour la XIIIᵉ dynastie.
[2] Loc. cit., p. 174.
[3] Le musée du Louvre possède une stèle et quelques autres monuments provenant d'Abydos, dédiés à des personnages qui sont dé-
corés des titres les plus pompeux et nommés Énantef. Le style des
hiéroglyphes rappelle, par sa beauté, celui de la XIIᵉ dynastie. Tout
nous porte à croire, ajoute M. de Rougé, que ces monuments appartiennent aux Énantef, successeurs de Téti.

lui assignant une durée de quarante-six ans, répartie entre
16 rois, a certainement commis une grave inexactitude.
Une moyenne de trois ans par règne est inacceptable pour
une dynastie qui a eu, si l'on juge par les monuments
qu'elle a laissés, une existence beaucoup plus sérieuse (1).
L'un des rois de la XIᵉ dynastie (thébaine), Ranebtou-
Menemotp, a seul l'honneur de figurer dans la procession
du Ramesséum, entre le roi Ménès et Amos (Ahmès, Amosis, fondateur de la XVIIIᵉ dynastie), qui se rattache à
lui, en effet, par une série d'alliances. Un scarabée du
musée du Louvre offre le cartouche de ce roi, qui paraît
avoir été un roi guerrier.

De tout ce qui précède, nous concluons que la période
représentée par les dynasties VI à XI est loin de nous offrir
la solidité historique que nous avons reconnue aux dynasties I à V. Ainsi s'expliquent l'embarras des chronographes,
les incertitudes des monuments, et surtout le « vide
monumental » attesté, tout récemment encore, par M. Mariette (2). Evidemment il faut voir, dans toute cette période, une époque de rivalités entre les différentes
provinces, et, par suite, de dynasties simultanées, époque
troublée, qui permet à la chronologie moderne de réduire
notablement, du moins en principe, la durée de 781 ans
que lui attribue Manéthon (3).

[1] D'ailleurs, M. Mariette a trouvé, à Drah-Aboul-Neggah, une stèle
qui date de l'an 50 de l'un des rois de cette dynastie, à laquelle Manéthon n'attribue que quarante-trois de règne. [*Aperçu de l'Histoire
ancienne d'Égypte*, p. 84.]

[2] Ainsi, la table de Karnak, après les princes Éoantef, semble
mentionner quelques rois choisis plus ou moins arbitrairement parmi
les différentes dynasties de la Haute Égypte.

[3] M. Brugsch a cru pouvoir établir, par d'ingénieux calculs, qu'il

Il est vrai qu'après avoir avoué que, de la fin de la
VI$^e$ dynastie au commencement de la XI$^e$, les monuments
sont à-peu-près muets, M. Mariette émet l'espoir que des
fouilles, entreprises sur les lieux où ont régné ces dynasties, à Meydoun, à Licht, à Ahnas el Médineh, éclairci-
raient peut-être les problèmes relatifs à toute cette
période (1). Mais le savant égyptologue a remarqué lui-
même ailleurs (2) qu'entre la VI$^e$ dynastie et la XI$^e$ on surprend, dans le style des monuments funéraires, une telle
différence, qu'on est amené à supposer, dans l'intervalle,
« des perturbations encore inexpliquées. » Enfin,
n'oublions pas un fait significatif, c'est que les dynasties
VII, VIII, IX, X et XI sont précisément celles qui, dans
Manéthon, sont mentionnées sans aucun détail et sans
autres noms de rois que celui d'Achthoès (IX$^e$ dynastie),
célèbre par sa férocité, et Amménémès (XI$^e$ dynastie).
Cette absence de noms royaux dans Manéthon n'est-elle
pas un indice très fort de l'anarchie dont l'Égypte fut le
théâtre à cette époque, ainsi que de la complexité, de l'in-
signifiance de plusieurs dynasties ?

Remarquons, néanmoins, que si nous admettons pour
toute cette période l'hypothèse de dynasties simultanées,
mise en avant par M. de Bunsen, c'est tout-à-fait en dehors d'Ératosthène, ou, tout au moins, du système que lui
attribue le savant berlinois, puisque ce sont précisément

---

ne se serait pas écoulé tout-à-fait deux siècles depuis la mort de Nitocris [fin de la VI$^e$ dynastie] jusqu'au commencement de la XII$^e$ dynastie.

[1] *Aperçu*, page 19.
[2] *Ibid.*, p. 89.

les dynasties provinciales (celles d'Héracléopolis), qui
semblent avoir été, pendant toute cette période, les dynasties principales, et non celles de Memphis et de Thèbes,
qui ne nous apparaissent, au contraire, qu'au second
rang.

Avec la XII<sup>e</sup> dynastie commençait le second livre des annales de Manéthon ; non que la XI<sup>e</sup> dynastie ait été, d<sub>e</sub>
fait, différente de la XII<sup>e</sup>. Les deux dynasties sont également thébaines (diospolitaines) dans Manéthon, et Amménémès, le dernier roi de la XI<sup>e</sup> dynastie, est père du premier
roi de la dynastie suivante. Nous avons expliqué plus haut
cette singularité.

Ce qui est, cette fois, en dehors de toute contestation,
c'est la singulière importance de la XII<sup>e</sup> dynastie, et le
brillant éclat qu'elle a jeté. Tandis que les constructions de
la dynastie précédente accusent une sorte de rudesse et de
gaucherie, qui s'écarte entièrement du style majestueux
des IV<sup>e</sup> et VI<sup>e</sup> dynasties, la XII<sup>e</sup> dynastie se signale (1), au
contraire, par une grandeur architecturale qui marque cer-
tainement l'une des plus brillantes périodes de l'art égyptien (2).

Quant à la puissance de cette dynastie, elle ressort, avec
une incontestable évidence, des grands souvenirs qu'elle a
laissés dans les traditions nationales et des monuments
qu'elle a semés avec profusion. Cette race de conquérants,

[1] Mariette. *Aperçu de l'Histoire d'Égypte*, p. 81-82.

[2] *Cf. Notice sur les monuments égyptiens de la galerie du Louvre*,
par M. de Rougé ; introduction. Brugsch, *Histoire de l'Égypte sous les
rois indigènes*, tome I. Champollion-Figeac, *l'Égypte ancienne*.

cette dynastie des Aménemha et des Sésourtasen, a même mérité longtemps d'être confondue avec la XVIII<sup>e</sup> dynastie, dont la table d'Abydos la rapproche en effet (1), et le fameux Ramsès semble avoir voulu s'assimiler, en quelque sorte, la gloire de ses illustres devanciers, quand il emprunta aux rois de la XII<sup>e</sup> dynastie un de leurs surnoms préférés, celui de Sésostris (Sésourtasen), en même temps qu'il s'appropriait leurs statues en les marquant à l'épaule de son glorieux cartouche. Au fond de la Nubie comme au Sinaï, et même, s'il faut en croire les légendes égyptiennes, jusqu'en Europe et jusqu'en Thrace, Sésourtasen III avait gravé partout le souvenir de ses victoires. Aujourd'hui encore, à Ouady-Maghara comme à Kummeh et à Senneh, forteresses dressées contre les Couschites du Soudan, aux obélisques de Matarieh et du Fayoun, aux magnifiques hypogées de Beni-Hassan, aux grottes de Syout, à Abydos, à Sân (Tanis), la XII<sup>e</sup> dynastie est toujours debout dans ses œuvres colossales (2), dans celles, du moins, qu'ont épargnées les injures de l'âge et les dévastations des Pasteurs. Elle est, en un mot, dans le Moyen Empire, ce qu'est la IV<sup>e</sup> dynastie dans l'ancien, ce que sera la XVIII<sup>e</sup> dans le nouveau. Toutefois, si les listes monumentales de cette brillante famille se présentent à nous avec un caractère de solidité très grande, on ne saurait en dire autant des chiffres qui représentent la durée de la dynastie. Le papyrus de Turin, par hasard, est intact en cet endroit. Il assigne à la XII<sup>e</sup> dynastie 213 ans ; l'Africain ne lui accorde

[1] M. Lepsius a remarqué le premier l'énorme lacune que présente, à cet endroit, la table d'Abydos.

[2] Mariette. *Aperçu*, p. 83.

que 160 ans ; l'Eusèbe grec, 182, 245 ; l'Eusèbe arménien, également 182, 245 ; le chronographe Samuel, qui suit Eusèbe, 247. Ainsi, même pour une dynastie pleinement historique, puissamment affirmée par les monuments, illustrée par de glorieux souvenirs, la chronologie ancienne hésite, se contredit et se laisse surprendre par nous en flagrant délit d'incertitude. Notons ce détail en passant, il a son importance.

Après les splendeurs de la XII⁰ dynastie, nous retombons très vite dans une période plus obscure et bientôt suivie d'une infortune complète. A cette période se rattache un des plus grands problèmes de l'histoire et de la chronologie égyptiennes : je veux parler de l'invasion des Pasteurs ou Hycsôs, dont il a été dit un mot dans la section première.

Avant tout, remettons sous les yeux les listes de Manéthon. En voici le tableau (1), qui résume tout le second livre du chronographe égpytien :

### D'APRÈS L'AFRICAIN :

XII⁰ dynastie Thébains, 7 rois, durée 160 ans.

| XIII⁰ | — | Thébains, 60 | — | — | 453 | — | (184) |
|---|---|---|---|---|---|---|---|
| XIV⁰ | — | Xoïtes, 76 | — | — | 184 | — | |
| XV⁰ | — | Phéniciens, 6 | — | — | 284 | — | |
| XVI⁰ | — | Pasteurs, 32 | — | — | 518 | — | |
| XVII⁰ | — | Pasteurs et Thébains, } 43 | — | — | 151 | — | |
| XVIII⁰ | — | Thébains, 16 | — | — | 262 | — | (263, 259). |
| XIX⁰ | — | Thébains, 6 (7) | — | — | 204 | — | (209, 210). |

TOTAL de l'Africain. . 96 rois en 2121 ans.

TOTAL réel (d'après les chiffres partiels . . 246 rois en 2222 ans.

[1] Les chiffres placés entre parenthèses représentent les leçons fournies par les différents mss.

D'APRÈS EUSÈBE :

XII⁰ dynastie Thébains, 7 rois, durée 245 ans (245, 247, 182, 182

| | | | |
|---|---|---|---|
| XIII⁰ | — | Thébains, 60 | durée 453 — (452, 454). |
| XIV⁰ | — | Xoïe, 76 | durée 184 — (484, 484). |
| XV⁰ | — | Thébains ? | durée 250 — (250). |
| XVI⁰ | — | Thébains, 5 | durée 190 — (190). |
| XVII⁰ | — | Phéniciens 4 | durée 103 — (103, 103, 103). |
| XVIII⁰ | — | Thébains, 14 (16) | durée 348 — (348, 348, 342, 378, 321) |
| XIX⁰ | — | Thébains, 5 | durée 194 — (194, 194, 162). |

TOTAL d'Eusèbe. . 92 rois en 1121 années.

Eusèbe arménien, 2121 années.

C'est principalement sur cette partie de la chronologie des Égyptiens que se sont exercées, dans tous les sens, les hypothèses plus ou moins systématiques des modernes. En face des divergences et des incertitudes que présentent les listes de l'Africain et d'Eusèbe, la controverse avait beau jeu, en effet. Un point, toutefois, paraissait suffisamment établi, à savoir, la durée de 2121 ans assignée par Manéthon (l'Africain et l'Eusèbe arménien) à l'ensemble de cette période. De plus, on savait, à n'en pouvoir douter, par le témoignage de Manéthon lui-même, témoignage désintéressé, et, par suite, entièrement sûr, qu'une partie de cette période, occupée par les dynasties XIII à XIX, avait été témoin d'un fait singulier, humiliant pour la fierté de l'antique Égypte.

A peine sortie d'une des plus brillantes périodes de son histoire, et avant même que les souvenirs des Aménemha et des Sésourtasen eussent eu le temps de s'effacer dans la mémoire des peuples, l'Égypte civilisée, l'Égypte, tout-à-l'heure conquérante, avait dû céder « sans combat » son territoire à un peuple quasi barbare, arabe ou phénicien, peuple de condition basse, dit Josèphe, citant Manéthon, mais plein d'audace (1). Impossible de rayer des annales égyptiennes cet étrange, mais incontestable événement, confirmé, d'ailleurs, de nos jours, par les études et les découvertes des égyptologues.

En effet, les dévastations de la race conquérante sont encore aujourd'hui reconnaissables sur toute la surface du pays, qu'ils avaient ravagé de la manière la plus cruelle, au dire de Manéthon, et dont ils avaient renversé tous les temples. Ce dernier détail est d'une parfaite exactitude. « L'archéologie n'a pu retrouver en Égypte un seul temple encore debout et antérieur à la XVIIIᵉ dynastie, » disait, en 1847, M. de Rougé (2). Or, l'absence d'édifices religieux antérieurs à cette époque ne saurait être expliquée suffisamment par les injures des siècles et les outrages des générations suivantes. D'autre part, on ne saurait admettre que les Sésourtasen et les Anémenha de la XIIᵉ dynastie n'aient pas songé à consacrer, par des édifices publics, le culte, déjà puissamment organisé à leur époque, ainsi que l'attestent éloquemment les monuments civils. Ceux-ci se comptent encore par milliers : grottes, tombeaux, pyramides, appartenant aux périodes les plus lointaines des annales de l'Égypte, à la IVᵉ, à la XIIᵉ dynastie, par exemple,

[1] *Cf.* le récit de Josèphe, à l'Appendice, annexe II.

[2] *Annales de Philosophie chrétienne*, t. XXXIV, p. 414. — Une seule exception a été relevée depuis ; elle est relative au temple qui avoisine le sphinx de Gizeh, et que M. Mariette a découvert, profondément enfoui dans le sol.

ont conservé jusqu'à nos jours une inconcevable fraîcheur.
D'ailleurs, si les temples ont disparu, les monuments qu
les décoraient, obélisques, stèles, statues colossales, sub-
sistent encore, et attestent d'une manière évidente la violente suppression de l'édifice qu'ils étaient destinés à
embellir.

Le récit de Manéthon est donc scrupuleusement exact.
Épargnant les monuments privés, les tombeaux qui cou-
vraient le sol de l'Égypte, les Pasteurs réservèrent toutes
leurs fureurs pour la dévastation des temples élevés à des
dieux qui n'étaient pas les leurs, et qu'ils traitèrent, à ce
qu'il paraît, en ennemis vaincus. Le fait même de l'invasion des Pasteurs, quelque étrange qu'il puisse sembler à
nos idées modernes, est donc en dehors de toute contestation.

La seule difficulté est de déterminer les limites exactes
de cette période d'invasion.

Elle débuta, au dire de Josèphe, du temps du roi Timaos. Par malheur, on ne sait à quelle époque placer ce
roi, de sorte que le point de départ manque absolument.

Au rapport de Josèphe, qui prétend toujours citer Manéthon, « les rois pasteurs et leurs successeurs » possédèrent l'É-
gypte pendant 511 ans. Eusèbe réduit ce chiffre à 103 ans,
et il s'accorde, cette fois, avec la Vieille Chronique, s'il est
vrai que, dans celle-ci, les quatre rois, dits memphites, de
la XVII$^e$ dynastie, soient vraiment des rois pasteurs.

Un autre problème est celui-ci : les Pasteurs, qui ont
dominé sur l'Égypte pendant 511 ans, au rapport de Josèphe, y ont-ils dominé seuls, à l'exclusion de toute dynas-

tie indigène, ou bien ont-ils laissé subsister, çà-et-là, des
dynasties égyptiennes, plus ou moins dépendantes et vassales? Nous avons vu, dans la section précédente, que cette
dernière hypothèse avait pour elle, outre une grande vraisemblance, le témoignage exprès de Josèphe et des chronographes. La XVᵉ dynastie, phénicienne dans l'Africain, est
thébaine dans Eusèbe. La XVIᵉ, (Hycsôs...), dans l'Africain, est encore thébaine dans Eusèbe. Enfin, la XVIIᵉ
est, dans l'Africain, à la fois phénicienne et thébaine. Dans
Eusèbe elle est phénicienne (1). Tout ceci nous amène à
supposer l'existence simultanée de la dynastie conquérante
et d'une ou de plusieurs dynasties nationales. Josèphe nous
rapporte, d'ailleurs, que les rois de la Thébaïde se liguèrent
à la fin « avec ceux du reste de l'Égypte » pour chasser les
envahisseurs. Donc il y avait en Égypte, au temps des Pasteurs, du moins à la fin de leur règne, quand leur domination commençait à chanceler (2), — il y avait en Égypte,
outre les rois de Thèbes, plusieurs rois indigènes. Mais ces
dynasties nationales ont-elles existé pendant toute la durée
de l'invasion? On l'a supposé, en effet, et, comme Josèphe
assigne à la durée des Pasteurs une durée de 511 ans,
chiffre qui a paru très élevé, on a cherché à établir que
non seulement la XVIIᵉ dynastie de l'Africain et la XVᵉ
d'Eusèbe, mais encore la XIIIᵉ et la XIVᵉ (thébaine et
xoïte), ont bien pu être contemporaines de la longue domination des Hycsôs. Cette supposition s'offrait d'autant plus
naturellement à l'esprit, qu'à dater de la XIIIᵉ dynastie,

[1] *Cf.* le tableau, à l'Appendice, annexe I.

[2] Volney. *Recherches nouvelles sur l'Histoire ancienne.* Didot.
1860. Page 534.

les noms des rois nous font complètement défaut dans les listes manéthoniennes d'Eusèbe et de l'Africain. Or, nous avons vu déjà (pour les dynasties VII à VI) que l'absence des noms royaux dans Manéthon semble généralement coïncider avec une période troublée de l'histoire égyptienne.

La XIII<sup>e</sup> dynastie, dans Eusèbe et l'Africain, compte 60 rois ayant régné 453 ans. On a supposé que ces 453 ans, ajoutés aux 184 ans de la dynastie suivante, pourraient bien représenter, avec quelque exagération cependant, la durée des dynasties nationales, contemporaines des Pasteurs. Mais les monuments excluent absolument cette hypothèse.

Il est bien vrai que la XIII<sup>e</sup> dynastie joue, dans les annales égyptiennes, un rôle moins important que la précédente. Mais il est également certain qne la XIII<sup>e</sup> dynastie ne saurait être considérée comme une dynastie locale, plus ou moins humiliée par les Pasteurs. Peu importe que des rois appartenant à cette dynastie aient été omis par Manéthon : les monuments sont là pour combler les lacunes du chronographe ou de ses compilateurs.

Par une singulière et heureuse exception, le fragment du papyrus de Turin relatif à cette dynastie est à-peu-près intact. Après le nom de Sevek Nofréou (1) qui termine, sur le papyrus, la XII<sup>e</sup> dynastie, et est immédiatement suivi du total, neuf noms royaux sont conservés ; ils paraissent avoir été suivis d'une vingtaine d'autres, effacés aujourd'hui. Ceux qui nous restent sont ceux des Sevek otp, des Nofré

[1] Suivant Manéthon, c'est la sœur du précédent roi [Râ neb tou, dans le papyrus].

otp (1), et de Râ son kh hêt (soleil qui donne la vie au
cœur), que nous retrouvons précisément sur les tables de
Karnak (côté droit, 1ʳᵉ et 2ᵉ ligne, suivant M. de Rougé).
Ainsi est prouvée l'existence très sérieuse de la XIIIᵉ dynastie. Quant à sa complète indépendance, elle est affirmée
par les monuments. Les Sevekotp et les Nofréotp sont bien
les rois de toute l'Égypte, puisqu'ils la possèdent du fond de
la Nubie jusqu'à la Méditerranée. Aussi les trouve-t-on mentionnés à la fois sur des monuments de Sân (Tanis) et sur les
statues colossales de l'île d'Argo (Éthiopie) près de Don-
golah, au-dessus de la troisième cataracte, ainsi qu'au
temple de Semneh, en Nubie (2).

Reste la question de la durée de cette dynastie. Or, le
grand nombre de noms royaux relatifs à cette période, que
nous a conservés la table de Karnak, et les trente ou quarante noms que laisse supposer le papyrus de Turin (3),
nous amènent bien près des 60 rois et des 453 années de
règne que mentionnent les listes manéthoniennes de l'Africain (4) et de l'Eusèbe, soit grec, soit arménien.

Quant à la XIVᵉ dynastie (Xoïte) elle compte, dans le

[1] Ces noms sont composés chacun d'une des deux moitiés du nom
de Sévek Nofré, dernier roi [ou reine] de la XIIᵉ dynastie. Cette ingénieuse remarque do M. do Rougé suffit à assigner aux Sevek otp et
aux Nofré otp la place qui leur a été longtemps contestée, et qui répond décidément à la XIIIᵉ dynastie de Manéthon. [De Rougé. *Annales
de philosophie chrétienne*, t. XXXIV, p. 409.]

[2] Mariette. *Aperçu*, p. 85.

[3] Le papyrus et la Chambre des rois, dit M. de Rougé, nous permettent d'inscrire en cet endroit [XIIIᵉ et XIVᵉ dynastie] près de 70
cartouches royaux. [*Annales*, t. XXXIV, p. 411.]

[4] Il y a bien une variante [184 ans] dans un des mss. de l'Africain. Mais ce chiffre appartient évidemment à la dynastie suivante
[Xoïte 184 ans], et n'est là que par suite d'une erreur manifeste.

Manéthon d'Eusèbe et de l'Africain, 76 rois régnant 184
ans. Mais une moyenne d'un peu plus de 2 ans de règne
pour 76 rois consécutifs est absolument inacceptable. Aussi,
M. de Rougé préfère-t-il s'en tenir à deux leçons qui se
trouvent, l'une dans l'Eusèbe grec, l'autre dans l'Eusèbe
arménien, et d'après lesquelles la XIVᵉ dynastie aurait
occupé une période de 484 ans. « On sait tous les efforts
qu'a faits Eusèbe pour abréger les listes; un chiffre plus considérable enregistré par lui doit donc attirer l'attention (1). »

Dans tous les cas, la XIVᵉ dynastie est une dynastie sans
importance, dont aucun vestige n'est parvenu jusqu'à nous.
M. Mariette (2) se refuse à y voir une dynastie provinciale, contemporaine de la XIIIᵉ. Cette hypothèse est contredite, selon lui, par les statues du musée de Boulaq,
près du Caire, qui représentent des rois de la XIIIᵉ
dynastie, et qui ont été trouvés à Sân. « Il est évident,
ajoute-t-il, que si ces rois de la XIIIᵉ dynastie avaient été
relégués dans la haute Égypte, ils n'auraient pas orné de
leurs images les temples placés sous la domination d'une
dynastie rivale. » Nous ignorons quelles sont ces statues
de rois mentionnées par le savant égyptologue, ni si elles
tombent sous l'observation qui se rencontre plus bas,
dans l'Aperçu (3). M. Brugsch (4) admet, au contraire, l'hy-

[1] *Annales*, t. xxxiv, page 420.

[2] *Aperçu*, page 26.

[3] Page 86. « Je dois ajouter que plusieurs rois, entre autres Skhaï-
het, dont les cartouches figurent dans la collection du musée de Boulaq, ne sont classés que conjecturalement dans la XIVᵉ dynastie, et
que rien ne m'étonnerait si des recherches nouvelles, aidées de documents encore à découvrir, nous forçaient à reporter ces rois à la période qui s'étend de la VIᵉ à la XIᵉ dynastie. »

[4] *Histoire de l'Égypte sous les rois indigènes.* Tome I, p. 78.

pothèse écartée par M. Mariette. La XIVᵉ dynastie est pour
lui une dynastie locale et simultanée. Tel est aussi l'avis
de M. de Bunsen (1). Seulement, il fait de la XIVᵉ et de
la XIIIᵉ dynastie deux dynasties contemporaines des Pasteurs, et occupant à elles deux une période correspondante
aux 511 ans attribués aux Hycsôs par Manéthon (dans Josèphe). Nous avons vu que pour la XIIIᵉ dynastie, cette
assertion n'est pas soutenable. Quant à la XIVᵉ, l'absence
complète de monuments rend, à son égard, toute hypothèse
bien hasardeuse. L'argument de ;M. Mariette en faveur de
la non simultanéité de la XIIIᵉ et de la XIVᵉ dynastie ne
nous semble pas péremptoire. Les deux Sevekotp trouvés
à Tanis (2) (Sân) prouvent bien, contre M. de Bunsen, que
la XIIIᵉ dynastie a été antérieure aux Hycsôs ; mais ils ne
nous semblent pas démontrer, en faveur de M. Mariette,
que la XIVᵉ dynastie ne fut pas contemporaine de la XIIIᵉ.
Xoïs a bien pu, à cette époque, conserver son indépendance,
pour une raison qui nous échappe. Nous ignorons quel
genre de motifs amena les monarques égyptiens à laisser
subsister, peut-être même à créer telle ou telle dynastie
provinciale, parente, vassale, tributaire, chargée de garder
une frontière ou de maintenir les indigènes dans le devoir.
Aussi ne serions-nous pas surpris que plus d'un monument
élevé à la gloire des souverains de Thèbes ou de Memphis
dans les provinces les plus éloignées du centre, exprimât
seulement leur suzeraineté sur les dynasties locales. Déjà,
dans la section première, nous avons fait allusion aux

[1] *Ægyptens Stelle...*

[2] *Revue archéologique.* Mai 1862.

usages orientaux, à cet égard (1). Peut-être l'avenir con-
firmera-t-il d'une manière éclatante ce qui ne peut être
actuellement qu'une hypothèse avancée avec une certaine
timidité.

D'ailleurs, indépendamment de toute considération de
ce genre, il faut bien convenir que, si l'on adopte comme
durée de la dynastie Xoïte les 184 ans mentionnés par
l'Africain et confirmés par l'une des trois leçons d'Eusèbe,
la dynastie Xoïte, à la supposer simultanée, n'aura corres-
pondu qu'à une faible partie de la durée assignée à la XIIIᵉ
dynastie, puisque celle-ci occupe, à elle seule, 453 ans.
Celle-ci a bien pu dominer, pendant un certain temps, à
Tanis et à Xoïs ; puis y céder la place, de gré ou de force,
à une dynastie provinciale. Le Seveck-otp (Ra-Scha-
Nefer) découvert à Tanis, est le troisième du nom ; il est
donc loin d'appartenir aux derniers représentants de la XIIIᵉ
dynastie. Ses successeurs eurent-ils une puissance égale à
la sienne ? Ne furent-ils pas obligés de laisser s'établir une
ou plusieurs dynasties locales, plus ou moins indépen-
dantes ? Cette dernière hypothèse est d'autant moins invraisemblable, qu'au rapport de Manéthon, cité par Josèphe (2),
les Hycsôs, en pénétrant en Égypte, « assujettirent sans
combat les chefs qui y commandaient. » Ils semblent donc
s'être trouvés en face de plusieurs dynasties, également
faibles et impuissantes. Ce n'est pas tout; un papyrus égyptien, cité par M. Chabas et par M. Brugsch (3), rapporte

[1] M. Mariette lui-même admettra tout-à-l'heure le rôle subordonné
des dynasties XV et XVI vis-à-vis des Hycsôs tout-puissants.

[2] *Cf.* la narration de Josèphe à l'Appendice, annexe II.

[3] *Revue archéologique*, tome XXIX. — *Histoire d'Egypte*, p. 98.

qu'au temps de l'invasion « il n'y avait point de roi, » ce qui signifie sans doute, ajoute M. Robiou (1), point de roi qui gouvernât le pays tout entier, les deux Égyptes.

Que si l'on admet, avec M. de Rougé, la durée de 484 ans, attribuée à la XIVᵉ dynastie, par une leçon de l'Eusèbe grec et une leçon de l'Eusèbe arménien, on peut supposer, à la rigueur, que ces 484 ans se seront écoulés, partie avant l'invasion, partie après l'invasion des Pasteurs. Dans ce cas, la XIVᵉ dynastie aura été contemporaine, d'abord de la XIIIᵉ, puis des Hycsôs. Ce n'est là, sans doute, qu'une hypothèse à laquelle nous sommes prêt à renoncer, dès qu'un fait positif sera venu éclairer de quelque lumière les obscurités historiques qui planent sur toute cette pé- riode. D'ici là, cependant, nous nous permettrons de conserver quelques doutes en faveur de la simultanéité de la XIVᵉ dynastie.

Nous voici arrivé à la période des Pasteurs. Ils occupent dans l'Africain les dynasties XV et XVI, et en partie seulement la dynastie XVIIᵉ, tandis que, dans Eusèbe, la XVᵉ et la XVIᵉ dynastie sont Thébaines, et durent 440 ans. M. Mariette admet l'existence de ces deux dynasties nationales. Il les relègue en Thébaïde, et leur donne pour voisins, et « probablement pour maîtres (2), » les barbares envahisseurs.

A considérer avec attention les deux listes de l'Africain

[1] *Histoire ancienne des peuples de l'Orient*, page 93.

[2] *Aperçu*, p. 26. M. Lepsius, de son côté, croit avoir retrouvé en Nubie quelques traces des possessions qu'y auraient conservées ces dynasties. [*Briefe aus Ægypten.*]

et d'Eusèbe, relativement à la période des Pasteurs, on
s'aperçoit bientôt qu'Eusèbe, malgré ses erreurs, doit être
préféré à son devancier. Les trois dynasties successives de
Pasteurs mentionnées par l'Africain sont, au premier abord,
assez suspectes. Elles le sont bien davantage, quand on remarque à quelle erreur elles sont dues. L'erreur vient du
texte de Josèphe, mal compris. Celui-ci, dans sa narration
assez vague sur les Hycsôs (1), semble supposer deux périodes dans leur histoire. D'abord ils se répandent en
Égypte et pillent le pays, puis ils se donnent un roi, Salatis (2), suivi de cinq autres princes, résidant à Avaris. De
plus, Josèphe avait mentionné ce détail, que les Pasteurs et
« *leurs successeurs* » avaient régné 511 ans sur l'Égypte.
Aussi l'Africain crut-il devoir distinguer trois sortes de
Pasteurs : 1º les Pasteurs d'Avaris (XVᵉ dynastie), qu'il
place, contre toute vraisemblance, au début de l'invasion ;
2º les Pasteurs « *grecs* » (XVIᵉ dynastie), chez lesquels il
faut voir quelque autre dynastie de Pasteurs, étrangère à
Avaris, et à laquelle l'Africain accorde 518 ans, c'est-à-dire
qu'il transporte à la XVIᵉ dynastie la durée totale du règne
des Hycsôs (511 ans, suivant Josèphe) ; 3º enfin, pour répondre aux prétendus « successeurs » des Hycsôs, il trouve
encore moyen d'ajouter à la XVᵉ et à la XVIᵉ dynastie
« 43 autres Pasteurs, » qu'il aurait dû rapporter, sans aucun doute, aux dynasties précédentes.

Eusèbe, d'autre part, a bien commis la faute de n'admettre, en fait de dynasties étrangères, que celle de Tanis,

[1] Voir l'Appendice, annexe II.

[2] Le mot est bien certainement sémitique. Il dérive de l'hébreu
Schalat [*dominatus est*]. Joseph, dans la Bible, est nommé, par le Pha-
raôn, gouverneur [Schalit] du pays. [Gen., XLII, 6.]

qu'il réduit à trois rois, y compris Salatis. Mais, au moins, il a évité les exagérations chronologiques qui résultent des erreurs de l'Africain ; et, suivant toute vraisemblance, c'est avec raison qu'il a maintenu la XVᵉ et la XVIᵉ dynasties au rang des dynasties nationales. Du reste, on demanderait en vain à l'archéologie quelque donnée positive sur toute cette période. « Pas un monument de cette époque désolée n'est venu jusqu'à nous, — dit avec éloquence M. Mariette, — pour nous apprendre ce que devint, sous les Hycsôs, l'antique splendeur du pays. La série des monuments s'arrête, et l'Égypte nous instruit, par son silence même, des calamités dont elle fut frappée (1). »

L'important pour nous serait de préciser la durée de cette période, fixée par Josèphe à 511 ans. Mais nous ne le pourrions qu'à l'aide des monuments et des listes manéthoniennes. Les monuments nous manquent, on l'a vu ; les listes, de leur côté, n'offrent que contradictions. L'Africain nous donne, pour les dynasties XV et XVI, 802 ans, 953 en y ajoutant la XVIIᵉ, mi-partie phénicienne (Hycsôs). Eusèbe, pour les dynasties XV et XVI, ne nous donne que 440 ans, 543 en y ajoutant la XVIIᵉ, qui appartient, chez lui, aux Hycsôs exclusivement.

Pour toute cette période, les listes ont dû être cruellement altérées par des remaniements arbitraires. Quand on voit le papyrus de Turin contredire, au sujet de la XIIᵉ dynastie, une des plus brillantes du Moyen-Empire, les listes d'Eusèbe et de l'Africain, on est porté naturellement à admettre pour la période tout entière une transformation à peu près

[1] *Aperçu*, pages 26-27.

générale des chiffres manéthoniens, dont le total, dans l'Africain, pourrait bien être seul authentique (2121 ans pour les dynasties XII-XIX (1).

Quant aux Pasteurs, nous avons dit plus haut que le moment précis de leur apparition nous fait dé-faut. Le roi Timaos, mentionné par Josèphe, nous est inconnu. Faut-il le rattacher à la XIIIᵉ, à la XIVᵉ ou à la XVᵉ dynastie d'Eusèbe (diospolitaine, c'est-à-dire thébaine) ? L'absence des monuments nous condamne, sur ce point comme sur bien d'autres, à l'ignorance la plus complète. Mais, si le point initial de la domination des Hycsôs nous est caché, peut-être pour toujours, du moins les découvertes contemporaines nous permettent d'affirmer, et l'existence, et le pouvoir, et le singulier caractère d'une de ces dynasties de Pasteurs. On sait que, d'après Manéthon, les Hycsôs, maîtres du pays, se donnèrent un roi, nommé Salatis. Celui-ci, résidant à Memphis, « soumit au tribut (2) la haute et la basse région, laissant garnison dans les lieux les plus convenables. Il se fortifia surtout du côté de l'Orient, et trouvant, dans le nome de Saïs (de Sân), une ville très appropriée à son dessein, et nommée Avaris, il la rebâtit, la fortifia, enfin y plaça une colonie de 240,000 hommes armés. C'est là qu'il résidait pendant

[1] On sait qu'Eusèbe réduit ce chiffre de mille ans.

[2] Cette expression pourrait, au besoin, confirmer ce qui a été dit plus haut des dynasties indigènes épargnées par les Hycsôs, vassales, mais non anéanties. Les garnisons elles-mêmes ne supposent pas que le pays n'ait pas conservé ses dynasties. L'Africain parle, de son côté, d'incursions faites par les Hycsôs d'Avaris sur le territoire égyptien. Tous ces détails semblent exclure l'hypothèse d'une domination régulière et universelle.

l'été, distribuant à ses soldats le blé et la solde, et les exerçant avec soin aux travaux militaires, par crainte des ennemis du dehors (1). » Après dix-neuf ans de règne, il mourut. Son successeur, nommé Béon, régna 44 ans ; puis Apachnas, 36 ans et 7 mois ; puis Apophis, 61 ans ; puis Yanias, 50 ans ; puis Assis, 49 ans et 3 mois. Voilà donc une dynastie d'Hycsôs qui se maintient à Sân durant une période de 259 ans (284 dans l'Africain).

Les fouilles entreprises à Sân (Tanis), par M. Mariette, et qui se continuent encore, ont exhumé, en effet, de la manière la plus inattendue, les restes imposants de la domination des Pasteurs ; par exemple, une statue, sur laquelle le roi hycsôs Apophis ou Apepi, qui pourrait bien être le quatrième roi cité par Josèphe, avait gravé son nom avec des titres égyptiens, qui sont un hommage aux coutumes et même à la religion des vaincus (2). C'est encore lui qui s'était fait représenter plusieurs fois, à l'imitation des rois de Thèbes et de Memphis, sous la figure d'un sphinx, dont les traits ne sont pas des traits égyptiens, quoique les procédés de sculpture aient été empruntés tout entiers à l'art indigène.

Ce roi Apap, dont les monuments portent le nom, a-t-il appartenu à la dynastie d'Hycsôs résidant à Memphis ? ou bien une dynastie spéciale se serait-elle

[1] *Contra Apion.*, I, 14.

[2] Robiou. *Histoire des peuples de l'Orient*, p. 90. Tout en plaçant au sommet de leur Panthéon Sutekh, le grand dieu de leur race, les Pasteurs de Tanis maintiennent, à côté de lui, les divinités égyptiennes. Le nom même du roi Apapi est un nom égyptien.

établie à Sân, comme semble l'insinuer Josèphe (1)? et, cette hypothèse une fois admise, faudrait-il supposer que d'autres dynasties de rois hycsôs auraient bien pu se fonder ailleurs, surtout vers la fin de l'invasion, à une époque où, par suite de l'assimilation plus ou moins complète des vainqueurs et des vaincus (2), les liens qui, dans le début, rattachaient entre eux les conquérants encore à demi sauvages, s'étaient singulièrement relâchés? Enfin, des dynasties simultanées de Pasteurs, correspondant à des dynasties nationales également simultanées, se cacheraient-elles sous les « Phéniciens » de la XV⁰ dynastie, sous les « Pasteurs » de la XVI⁰, dans l'Africain? Toutes ces questions demeureront sans réponse tant que des faits nouveaux, de nouvelles découvertes, n'auront pas éclairci les ténèbres de cette ère d'invasion et de conquête.

Il est douteux, d'ailleurs, que l'hypothèse des dynasties simultanées, au cas où il faudrait l'admettre pour cette période, abrége notablement la durée de 511 ans, assignée par Josèphe à la domination des Hycsôs, et admise, jusqu'à nouvel ordre, par l'égyptologie contemporaine.

Quant au chiffre de 103 ans que nous fournit Eusèbe, et qui se rencontre également dans l'Ancienne Chronique, il est décidément inacceptable. Comment admettre, en effet, que les Hycsôs conquérants aient eu le temps, dans une si courte période, de renoncer à leurs habitudes de nomades

---

[1] Il faut remarquer cependant que, suivant Josèphe, Salatis ne réside à Avaris que « pendant l'été. »

[2] Josèphe fait bien du roi Apap un des « derniers rois » qui firent aux Égyptiens une guerre d'extermination ; mais cette assertion semble démentie par les monuments que nous citions tout-à-l'heure, ainsi que par l'hommage rendu plus tard à la dynastie de Tanis par Ramsès-le-Grand.

et de pasteurs, et d'atteindre ce haut degré de culture et de civilisation que les fouilles de Tanis ont attesté d'une manière si imprévue ? D'ailleurs, la dynastie des rois Pasteurs, citée par Josèphe, compte dans son calcul, qui paraît authentique, 259 ans (284 ans dans l'Africain). Aussi, nous accorderons volontiers une longue existence à la période des Hycsôs. Il est vrai qu'il nous est impossible d'en préciser le début, mais peut-être nous sera-t-il permis d'en fixer le terme avec une quasi certitude.

« Les rois de la Thébaïde et de l'autre partie de l'Égypte (le Delta ?), — continue Josèphe, d'après Manéthon (1), — s'élevèrent contre les Pasteurs, et une guerre longue et terrible éclata. Sous un roi, nommé Alisphragmoutosis, les Pasteurs, vaincus par lui, furent chassés du reste de l'Égypte et renfermés dans Avaris. Le fils d'Alisphragmoutosis, nommé Thoummosis, essaya de prendre la ville par force, et l'assiéga avec 480,000 hommes. Désespérant d'y réussir, il traita avec les Pasteurs, qui se retirèrent, emportant leurs biens. »

Dans ce récit, Alisphragmoutosis correspond évidemment au Méphramutos cité le sixième dans la liste de Josèphe. Du reste, le récit de Josèphe paraît suffisamment exact. L'écrivain marque, dans la guerre déclarée par les rois d'Égypte aux Hycsôs, trois moments principaux :

1° Les rois d'Égypte se liguent contre les Pasteurs ;

2° Méphramutos renferme les Pasteurs dans leur place forte d'Avaris ;

[1] *Cf.* l'annexe II, à l'Appendice.

3° Thoummosis traite avec eux, et les décide à quitter l'Égypte.

Nul doute que la XVII⁰ dynastie (phénicienne) d'Eusèbe ne coïncide avec cette période. Seulement, Eusèbe a commis la faute de transporter à cette dynastie les rois pasteurs cités par Josèphe, et encore en les réduisant à quatre, au règne desquels est assignée une durée de 106 ans (103 ans dans l'Eusèbe arménien), au lieu des 259 ans mentionnés par Josèphe. Peut-être est-il permis de supposer qu'Eusèbe aura voulu faire coïncider les quatre rois de sa dynastie de Pasteurs avec les quatre premiers rois de la XVIII⁰ dynastie (diospolitaine), après lesquels paraissent Misphragmutosis et Touthmosis, regardés comme vainqueurs et expulseurs des Hycsôs. Nous croyons, pour notre part, pouvoir tirer du récit de Josèphe cette conclusion, que les six rois pasteurs mentionnés par lui n'ont pas été, quoi qu'il dise, les derniers de leur race et de leur dynastie ; et si l'on admet que le roi Apap, dont les sphinx de Tanis ont conservé le nom, est bien réellement l'Apophis de Josèphe, il nous semble difficile de supposer que la guerre, entamée par sa dynastie contre les forces conjurées de l'Égypte entière, ait pu laisser aux Hycsôs de Tanis assez de loisir et de tranquillité pour des constructions monumentales et artistiques de cette importance. S'il est impossible de placer, avec l'Africain, l'Apap de Tanis tout au commencement de l'invasion des Hycsôs, il ne nous répugne pas moins d'assigner à son règne, avec Eusèbe, cette période de luttes ardentes et de guerres acharnées qui précéda l'expulsion définitive de la race conquérante.

Ce ne sera donc pas à ces prétendus rois de la XVII⁰ dynastie qu'auront eu à faire les rois guerriers de la XVIII<sup>e</sup>, mais à leurs successeurs.

Le premier roi de la XVIII<sup>e</sup> dynastie, dans l'Africain et Eusèbe, est Amos ou Amosis. L'Africain remarque expressément que ce roi s'appelle aussi Tethmosès, fils d'Aseth, sous lequel il place l'Exode, d'après des calculs et des théories dont nous n'avons pas à nous occuper ici. Les monuments ont, en effet, confirmé l'existence et le rôle de ce roi Amos, ou plutôt Ahmès. D'abord, les inscriptions des carrières de Massarah attestent (1) que la vingt-deuxième année de son règne (il aurait, suivant Josèphe et suivant Eusèbe, régné 25 ans), le roi Ahmès fit extraire de ces carrières les matériaux destinés à la restauration des temples de Memphis. Cette restauration a dû coïncider manifestement avec l'époque où Memphis, délivrée du joug des Pasteurs, songea à rétablir dans leur première splendeur les monuments religieux ruinés ou dévastés par le fanatisme des conquérants. D'autre part, à Eléthyia, s'est rencontrée une inscription gravée sur le tombeau d'Ahmès, fils d'Abna (2). Cet Ahmès, chef des nautonniers, est censé raconter lui-même ses campagnes, et les honneurs que son mérite lui a valus durant sa vie. Il rappelle d'abord que son père avait servi le roi Raskenen (3) avant le roi Ahmès. Ce dernier détail est important. Il atteste que le roi Ahmès n'est pas le premier roi de la XVIII<sup>e</sup> dynastie, comme on pourrait l'inférer du texte de Josèphe et des listes d'Eusèbe.

[1] De Rougé. *Annales de Philosophie chrétienne*, t. XXXIV, p. 413.

[2] De Rougé. *Ibid.*, page 418.

[3] Nommé aussi dans un papyrus; *cf.* Brugsch. *Histoire de l'Égypte*, page 78.

L'Africain a donc eu raison de placer à côté des Pasteurs de la XVIIᵉ dynastie une dynastie nationale, qu'il prétend avoir été composée de 43 rois, répondant aux 43 rois pasteurs, et ayant occupé 151 (153 ans). Cettte dernière assertion est à-peu-près invraisemblable ; mais le fait d'une XVIIᵉ dynastie égyptienne est confirmé par l'inscription qui nous occupe, en même temps que par les fouilles les plus récentes exécutées dans la Haute Égypte (1). Manéthon aura voulu, sans doute, dater la XVIIIᵉ dynastie du moment précis où Memphis se trouva libre, ce qui arriva sous le roi Ahmès.

Devenu grand, le chef des nautonniers entre au service du roi Ahmès, l'accompagne à Memphis, combat avec lui dans les eaux de Tanis (Sân) (c'est-à-dire qu'il prend part à l'expédition contre les Pasteurs), et assiste enfin à la prise de la ville (2). Cet important événement avait lieu dès la sixième année du roi Ahmès. Cependant, il ne s'agit pas encore de l'expulsion définitive des Hycsôs ; car, dans une campagne suivante, Ahmès massacra les Pasteurs (Moon), ainsi que le dit formellement l'inscription, qu'on peut, il est vrai, soupçonner d'emphase et d'exagération. En tout cas, ces premiers succès affermirent très certainement le pouvoir d'Ahmès, car nous le voyons, après sa campagne contre les Pasteurs, guerroyer avec les Lybiens, parcourir le Nord et le Midi (de l'Égypte), réprimer les révoltes fomentées, sans doute, ou par les anciennes dynasties pro-

---

[1] Parmi les personnages dont les tables de Gournah conservent les restes, on distingue toute une hiérarchie de fonctionnaires, qui indique un état policé, et que M. Mariette rattache à la XVIIᵉ dynastie. [*Aperçu*, page 27.]

[2] Treizième ligne : « sur l'acte de prendre la ville de Tjan. »

vinciales, ou par de nouvelles dynasties essayant de se fonder çà et là. Voilà donc le règne d'Ahmès, ses succès militaires, ainsi que l'œuvre de restauration religieuse entreprise par lui, très solidement attestée.

De son successeur immédiat, Chébron, qui régna treize ans, suivant Josèphe, aucun vestige n'est venu jusqu'à nous. Nous n'en dirons pas autant d'Aménophis (Aménopthis de l'Africain), car l'inscription du nautonnier Ahmès nous parle d'une expédition faite en Éthiopie, par Aménotp, « pour dilater les frontières. » Le pouvoir de la XVIII$^e$ dynastie était donc, à cette époque, vigoureusement assis, et les Hycsôs, retirés dans Avaris, n'étaient plus pour l'Égypte un danger sérieux.

Un dernier détail important nous est fourni par la même inscription. Elle se termine par une campagne entreprise sous le règne de Touthmès. Pour trouver un nom analogue à celui-là, il nous faut descendre jusqu'au septième roi de la XVIII$^e$ dynastie dans l'Africain, et jusqu'au sixième seulement dans Eusèbe. Il est nécessaire ici de mettre les deux listes sous les yeux des lecteurs.

| L'AFRICAIN : | | EUSÈBE (grec et arménien) : | |
|---|---|---|---|
| 1. Amos, | | | 25 |
| 2. Chébros, | 13 | | 13 |
| 3. Aménophtis, | 21 | | 21 |
| 4. Amersis, | 22 | | |
| 5. Misaphris, | 13 | (Miphris) | 12 |
| 6. Misphragmutosis, | 26 | | 26 |
| | 95 | | 97 |
| 7. Touthmosis | | | |

Si maintenant nous ajoutons au total de l'Africain les 25 ans du roi Amos qu'il a omis ; si d'autre part nous ajoutons au total d'Eusèbe les 22 ans d'Amersis (ou Amensis) qu'il a oublié dans sa liste, ainsi que le Syncelle l'a remarqué, nous aurons, pour les six premiers rois de la XVIII° dynastie 117 ans chez l'Africain, 119 ans chez Eusèbe. Il est impossible d'admettre que le nautonnier Ahmès, si jeune qu'il ait été quand il entra au service du roi Amosis, ait pu fournir une aussi longue carrière et venir mourir au plus tôt sous le roi Touthmosis, successeur de Misphragmutosis. Heureusement l'étude des monuments a montré que les listes de Josèphe, de l'Africain et d'Eusèbe étaient, pour toute cette période, très inexactes, et a permis de reconstituer d'une manière à-peu-près authentique la sucession royale.

M. de Bunsen a supposé d'abord que le prénom du roi Ahmès, qui peut se lire Ranébros, aura été compté, par erreur, comme un second roi, Chébros. Il est certain, en effet, que l'Africain n'a mis qu'un seul chiffre pour deux noms, mais un chiffre certainement inexact (13 ans) puisque l'inscription des carrières de Massarah nous parle de la 22° année du roi Ahmès. D'autre part, l'inscription du nautonnier Ahmès, semble placer Aménophis (Aménotp) immédiatement après Ahmès. Quant aux successeurs d'Aménophis, les monuments nous ont révélé sur leur compte des détails que les chronographes, y compris Josèphe, ont entièrement ignorés. Il paraît que toute cette période a été troublée par l'usurpation de reines régentes, qui n'a pas peu contribué à épaissir les ténèbres chronologiques que Josèphe et l'Africain n'ont pas réussi à éclaircir. Ainsi, l'Amensis de l'Africain apparaît bien dans Josèphe comme une reine (Amessès) sœur d'Aménophis (1). Son vrai nom, tel que les monuments nous l'ont donné, est Ahmès, Ahmessis, et ces mêmes monuments nous font voir en elle une régente, gouvernant au nom ou à la place de Touthmès Ier, son mari. C'est sous ce roi Touthmès qu'aura pu mourir, ou du moins renoncer à ses fonctions militaires, le chef des nautonniers, Ahmès.

Misaphris, (Méphrès de Josèphe) semble correspondre bien exactement à Maképhra (2), prénom royal que s'attribua la princesse Hatasou, « l'aimée d'Ammon Knouphis », régente, elle aussi, pendant la minorité de son époux Touthmès II (3). Quant au roi Misphragmutosis, ce roi glorieux qui aurait, suivant Josèphe, renfermé les Pasteurs dans Avaris, les monuments ne le connaissent pas, et ils le remplacent par une régente, femme de Touthmès III. Le nom de Misphragmoutosis n'est peut-être que l'association ou la corruption des deux noms, Maképhra et Touthmosis, à moins qu'il ne faille y voir le surnom de Maïphra, particulier au roi Touthmès III. Misaphris-Maképhra la régente a gouverné 13 ans suivant l'Africain (12 ans 9 mois suivant Josèphe). Que son pouvoir ait été vivement contesté, c'est ce qu'attestent suffisamment les mutilations que ses frères ont fait subir à son nom et même à son enseigne, qu'ils ont martelés sur les monuments. Quant au roi Touthmès III, il

[1] Amentsé signifie en effet « la fille d'Ammon. »

[2] « Justice, substance du soleil. »

[3] Quelques-uns proposent d'y voir Ahmessès, redevenue régente à la mort de Touthmès I, dont ils font son fils. [Robiou. *Histoire des peuples de l'Orient*, page 102.

correspond, nous l'avons vu, au Misphragmutosis de Josèphe
et de l'Africain. Celui-ci aurait régné 25 ou 26 ans. Or, une
inscription de Karnak, relevée par Champollion, mentionne
la 42ᵉ année du régne de Touthmès III. Mais la date du
régne des rois comprend-elle les années de leur minorité ?
est-elle indépendante du régne des régentes ? nous ne saurions le dire, et il nous faut supposer que les chronographes
auront adopté, pour toute cette période, un système qui
nous échappe, comme il aura sans doute échappé aux compilateurs des âges suivants ; de sorte qu'au jugement de
M. de Rougé, à qui nous avons emprunté tous ces détails,
« il nous reste bien des doutes sur la chronologie de ces
premiers rois, malgré le détail de Josèphe et sa précision,
car il ne répond pas, et ne peut pas répondre toujours aux
dates monumentales (1). »

Il y a plus : des noms de rois semblent avoir été omis
par lui, volontairement ou non ; ainsi, après Touthmès III,
les monuments nous font connaître un Aménotp (II) que
Josèphe a ignoré. M. de Bunsen accorde à ce roi 9 ans de
régne, M. Mariette, 10. Tous ces détails nous montrent les
embarras que cette période a offerts aux chronographes.
Et cependant, si l'on met à part les régences plus ou moins
légitimes dont il a été question plus haut, la XVIIIᵉ dynastie ne semble pas avoir marqué, dans l'histoire égyptienne,
une de ces ères de trouble et d'impuissance que nous avons
rencontrées jusqu'ici , à différents intervalles. C'est une
dynastie guerrière en même temps qu'adonnée aux arts (2).
Nous avons vu Ahmès pénétrer en Éthiopie. Après lui, nous

[1] *Annales de philosophie chrétienne*, tome XXXIV, p. 432.
[2] Mariette. *Aperçu*, pages 30 et suiv.

y retrouvons Aménophis ; le même roi pénètre en Syrie.
Touthmès I⁰ʳ, à son tour, va combattre jusque sur les rives
de l'Euphrate, en Mésopotamie, la puissante confédération
des Rotennou, et dresse, en ces lointaines contrées, des
stèles commémoratives de sa victoire. Touthmès II con-
quiert définitivement les « pays du Sud » (Nubie, Soudan
actuels), et des gouverneurs égyptiens y sont régulièrement
envoyés. Hatasou elle-même, la puissante régente, en même
temps qu'elle dresse les deux grands obélisques de Karnak, en souvenir de son père, Touthmès I⁰ʳ, fait aux habitants de Pount (Lybie ou Arabie méridionale) une guerre
heureuse ; ses soldats rentrent à Thèbes en triomphe,
portant des palmes à la main (1). Mais c'est au temps de
Touthmès III que l'Égypte atteint vraiment l'apogée de sa
puissance. Sa force se fait sentir à la fois dans le Soudan,
dans l'Abyssinie actuelle, en Syrie, en Mésopotamie, en
Arménie, dans le Kurdistan, dans l'île de Chypre, dont
s'emparent les flottes de Touthmès. Enfin, l'Aménopt III
rétabli par M. de Bunsen d'après les monuments, et successeur de Touthmès IV, n'est pas un roi vulgaire, et qui
méritât l'omission des chronographes. Un scarabée du musée de Boulaq nous apprend qu'Aménotp III régna depuis
la Mésopotamie jusqu'au pays de Karo en Abyssinie (2).
Par son ordre, les bords du Nil se couvrirent de constructions magnifiques. Nous sommes donc en face d'une dynastie admirablement représentée par les monuments, illustrée

[1] Bas-reliefs du temple de Deir-el-Bahari, près Thèbes.

[2] Ces mots ne doivent pas s'entendre à la lettre. Les monuments
attestent, au contraire, que les contrées soumises aux princes égyptiens conservaient leur gouvernement national. [Robiou. *Histoire ancienne des peuples de l'Orient*, p. 107.]

par de glorieux souvenirs. Et cependant, nous constatons ici encore, pour la chronologie, le fait qui nous a frappé plus haut relativement à la XIIe dynastie, la plus brillante du Moyen-Empire : un certain accord sur l'ensemble des successions royales ; mais, quant au détail, des divergences manifestes ; des noms omis, des chiffres inexacts. Ainsi, le troisième Aménophis a régné, suivant l'Africain et Eusèbe, 31 ans ; or, un monument est daté de la 36e année de son régne.

Ces détails nous montrent, que, même pour les dynasties les plus glorieuses, les plus attestées par les monuments, nous ne saurions attacher une grande valeur aux calculs des chronographes compilateurs de Manéthon. La suite va nous confirmer encore dans nos doutes légitimes.

En effet, la période qui s'ouvre après la mort du roi Aménotp III est une des plus troublées de l'histoire d'Égypte, une des plus confuses chez les chronographes, et même sur les monuments. Aménotp IV paraît être issu d'une race étrangère à l'Égypte (1); non seulement il prétend remplacer la ville de Thèbes par une cité nouvelle, (Tell-el-Amarna) qui devient la capitale de l'Égypte, mais encore il semble avoir proscrit le grand dieu de Thèbes, Ammon, pour substituer à son culte celui d'Aten (le disque rayonnant), peut-être analogue à l'Adon, Adonis des Sémites de

[1] Sa mère, Khou-en-Aten, est représentée à Thèbes [vallée d'Abou-Hamed] les chairs peintes en rose, comme les femmes des races septentrionales ; et en outre, le nom du père et de la mère de Khou-en-Aten ne se rattache en rien à la langue égyptienne. [Mariette, *Aperçu*, p. 37-38.]

l'Asie Mineure (1). Lui-même nous apparaît dans les bas-reliefs de sa capitale, sous des traits qui n'ont rien d'égyptien, entouré de fonctionnaires auxquels les artistes ont donné une physionomie tout aussi singulière que la sienne (2).

Après lui, les chronographes font régner immédiatement le roi Horus (Hor). Toutefois, il semble que quelques régnes, du reste insignifiants, suivirent celui d'Aménotp IV. D'après M. de Rougé, les monuments font mention d'un roi successeur d'Aménophis IV, et comme lui, pratiquant une religion qui n'est pas la religion indigène. Ils nous parlent, en outre, de sa veuve, Beck en Aten Nofré Titi (3). A son tour, le régne d'Horus, glorieux au dehors, est signalé au dedans par une réaction violente contre les réformes religieuses d'Aménotp IV. Les noms des rois qui viennent d'être détrônés sont martelés, les monuments élevés par eux sont jetés à terre, leur capitale entièrement anéantie. Ce fait nous explique suffisamment pourquoi Aménotp IV et ses successeurs ont été omis par les chronographes, comme ils l'avaient été sans doute, et très volontairement, par Manéthon. Mais on se demande avec inquiétude comment la chronologie se sera tirée, entre leurs mains, de ces incertitudes et de ces embarras, surtout si l'on admet que la période qui sépare Aménotp III d'Horus, son fils, fût une période non seulement d'agitation, mais encore de démembrement (4).

(1) Brugsch. *Histoire de l'Égypte sous les rois indigènes*, p. 118-123.

[2] Mariette. *Aperçu*, p. 38.

[3] *Annales de philosophie chrétienne*, tome XXXIV, p. 431.

[4] Robiou. *Histoire ancienne des peuples de l'Orient*, p. 112.

Horus lui-même n'a pas régné sans conteste. Son frère, Amontouônkh, domina très certainement dans la Nubie supérieure, puisque son nom se trouve avec celui de son père, Aménotp III, sur le socle d'un des lions de Barkal, au musée britannique. Il y a plus ; Amontouônkh a régné à Thèbes (1) et à Memphis (2); en un mot, ajoute M. Robiou, on le retrouve partout en Égypte, si ce n'est peut-être dans le Delta : on le voit même recevant une ambassade des Assyriens. Il n'en est pas moins vrai que Horus fut seul regardé, dans la suite, comme héritier de son père Aménotp III. Il figure seul sur les listes sculptées, et les chronographes, à la suite de Manéthon, ont exclu son compétiteur comme ils ont exclu ses devanciers illégitimes (3).

M. de Bunsen termine au roi Horus la XVIII<sup>e</sup> dynastie, et M. Mariette suit son exemple. « Horus, dit celui-ci (4), fut le dernier Pharaon de cette dynastie qui, pendant les 241 ans qu'elle occupa le trône, avait porté si haut la gloire de l'Égypte. » Nous ne savons sur quelle autorité repose le chiffre de 241 ans, allégué par M. Mariette. Josèphe ne fournit que 194 ans 6 mois, qui se changent en 229 ans chez M. de Bunsen. Mais voici qui est plus grave.

Les deux savants que je viens de citer font de Ramsès I<sup>er</sup> (XIX<sup>e</sup> dynastie) le successeur immédiat du roi Horus. Or, entre ces deux rois, Josèphe, dont l'exactitude quant à l'ensemble, n'est point douteuse, et, après lui, l'Africain et Eusèbe, placent le roi Ramsès I<sup>er</sup> (Rammésès dans l'Afri-

---

(1) Brugsch. *Histoire d'Egypte*, p. 122-123.
[2] Mariette. Athénée français. Juin 1855.
(3) Robiou. *Histoire ancienne des peuples de l'Orient*, p. 113.
(4) *Aperçu*, p. 38.

cain, Ammésès ou Ægyptus dans Eusèbe), vers la fin de la XVIIIᵉ dynastie, et de plus, entre Horus et Ramsès Iᵉʳ, ils mentionnent une assez longue succession de rois, comme on peut le voir dans le tableau suivant.

XVIIIᵉ dynastie (suite).

| JOSÈPHE. | | | L'AFRICAIN. | | EUSÈBE. | |
|---|---|---|---|---|---|---|
| | ans. | mois. | | ans. | | ans. |
| Orus, | | | Horus, | | Horus, | |
| Acenkérès (sa fille) | 12 | 1 | Acherrès, | 32 | Achenkersès, | 12 |
| Rhatotis (son frère) | 9 | | Rhathos, | 6 | Athôris. | 39 |
| Acenkérès, | 12 | 5 | Chébrès, | 12 | Chenkérès, | 16 |
| Acenkérès, | 20 | 3 | Acherrès, | 12 | Acherrès. | 8 |
| Armaïs, | 4 | 1 | Armésès, | 1 | Cherrès | 15 |
| Ramessès, | » | » | Rammessès. | » | Armès ou Danaüs, | 5 |
| | | | | | Ammésès. | |
| TOTAL. | 57 | 10 | | 63 | | 95 |

D'autre part, les monuments relatifs à cette période mentionnent un certain nombre de souverains dont les noms, il est vrai, offrent peu de rapport avec les noms que nous venons de citer.

En voici la liste, suivant M. de Rougé (1).

    Horus.

    Amontouônkh (son frère).

    Ra-onkh-térou.

    Ra-smen-ma (Amenmès suivant M. Prisse).

    Le prêtre Achéreï (2), « époux de Titi, fille de roi, femme de roi, mère de roi. »

    Ramessou Iᵉʳ.

(1) *Annales*, loc. cit., p. 433.

(2) Son nom apparaît sur des stèles qui vont jusqu'à la huitième an-

Il est vrai que les monuments dont il s'agit défient, jusqu'à ce jour, toute classification. La succession des rois qu'ils mentionnent est conséquemment problématique. Plusieurs de ces rois peuvent bien se rapporter à la période qui précède Horus. Ainsi, M. Prisse fait de Ra-onkh-térou le successeur d'Aménophis IV. Cependant, il faut remarquer que si Horus a été véritablement le fils d'Aménophis III, on ne saurait supposer, entre ce dernier et lui, qu'un espace assez restreint. Plusieurs des rois relatés par M. de Rougé sont donc postérieurs à Horus, et parmi eux, vraisemblablement, il faut compter les deux premiers successeurs mentionnés par Josèphe, et dont il fait la fille et le frère d'Horus. Ce n'est pas tout ; depuis le travail de M. de Rougé (1847), « des personnages inconnus ont surgi l'un après l'autre pour réclamer, durant cette période, une part et un jour de royauté (1). » Il se peut, en effet, que la fille ou sœur d'Horus ait été comme le veut M. Lepsius, l'épouse du prêtre-roi Achereï ou Aï, et peut-être la mère de Ramsès Ier. Mais cette dernière hypothèse, admise par M. de Bunsen, ne repose, au jugement de M. de Rougé, sur aucune preuve (2).

Quant à Ramsès I, il est bien certain aujourd'hui qu'il a eu pour père Séti I (bas-relief de Medinet-Habou) (3). L'Armessès Meïamoun, qui le suit dans Josèphe, est très sûre-

née de son règne. Il châtia une révolte des Lybiens, et se bâtit à Thèbes son tombeau.

(1) Robiou, *Histoire ancienne des peuples de l'Orient*, p. 114. — Brugsch. *Histoire de l'Egypte*, p. 122. — Mariette. *Athénée français*, juin 1855.

(2) *Annales*, tome XXXIV; p. 434.

(3) *Journal des savants*, août 1848.

ment transposé. Le règne de 66 ans que ce dernier lui attribue, fait reconnaître en lui le Ramsès II Meïamoun de la XIX⁰ dynastie.

En résumé, les monuments et les chronographes nous refusent, pour cette période, à peu près toute lumière. Mais le papyrus du Turin suffit à nous montrer que les dynasties manéthoniennes n'ont point été arbitrairement coupées. Nous laisserons donc à la XVIIIᵉ dynastie, les rois que Ma-néthon lui a attribués, et nous admettrons entre Horus et Sethos Iᵉʳ (Séti), fondateur de la XIX⁰ dynastie, un inter-valle que nous ne pouvons, il est vrai, préciser, mais que les monuments nous obligent à admettre.

Restent donc, pour conclure la XVIIIᵉ dynastie, Ramès-sès Iᵉʳ et Ménephtah. Ramsès Iᵉʳ n'a, dans Josèphe et dans Eusèbe, qu'un règne insignifiant (1 an 4 mois). Bien que les monuments datant de ce règne soient fort rares, il pa-raît cependant que Ramessès Iᵉʳ fit une campagne au nord de la Syrie, et qu'il s'avança au devant des Khétas jusque sur les bords de l'Oronte (1). La durée attribuée à son règne semble donc trop courte, bien qu'à la rigueur elle puisse s'expliquer. Quant au roi Aménophis, le dernier roi de la XVIIIᵉ dynastie, les monuments gardent sur son compte un silence absolu. Il aurait régné, suivant Josèphe et suivant l'Africain, 19 ans et 6 mois. Mais ici se présente un curieux détail : Josèphe lui-même a protesté contre l'existence d'Aménophis. Il accuse Manéthon d'avoir inventé ce personnage pour placer sous son règne l'expulsion des Juifs et des impurs. On sait en effet qu'à un certain Amé-

(1) Mariette. *Aperçu*, p. 39.

nophis, se rattachait, dans Manéthon, ou peut-être dans
ses premiers compilateurs, une légende qui paraît avoir
excité au plus haut point la colère de Josèphe (1). [Cet
Aménophis, sur le conseil d'un prêtre initié aux secrets divins, aurait résolu de chasser d'Égypte tous les lépreux et
les impurs. Il fit donc réunir les infirmes, répandus sur
toute l'Égypte, au nombre de 80000, les fit jeter dans des
carrières à l'orient du Nil, pour les faire travailler avec les
habitants du pays. Après un certain temps, ces malheureux
supplièrent le roi de mettre un terme à leurs peines et de
leur donner un asile. Il les réunit dans l'ancienne ville des
Pasteurs, Avaris, alors déserte. Ils y entrèrent donc, et
commencèrent à se soulever, sous la conduite d'un chef
d'Héliopolis nommé Osarsiph, qui leur recommanda de
n'adorer aucun dieu de l'Égypte et d'immoler les animaux
sacrés. Puis, secouru par les débris des anciens Pasteurs
réfugiés à Jérusalem, qui lui fournirent une armée de
200000 hommes, il déclara la guerre à Aménophis. Celui-
ci se retira en Éthiopie, avec son fils, Séthos, âgé de 5 ans,
pour y attendre la fin des 13 ans assignés par l'oracle à la
domination des impurs. Pendant ce temps, l'ennemi brûla
les villes et les bourgs, pilla et saccagea les temples. Mais
enfin, Aménophis et son fils revinrent d'Éthiopie, combat-
tirent les Pasteurs et les impurs, les chassèrent, les poursuivirent jusqu'aux frontières de la Syrie. Il semble qu'au
temps de Josèphe, l'opinion publique se soit généralement
accordée à voir dans ces impurs, les Juifs, dont l'histoire
était universellement connue en Égypte par suite de la traduction des Septante, et Manéthon lui-même, ou ses com-

[1] *Contr. Apion*, I. 26; (*Cf.* l'Annexe III, à l'appendice.)

pilateurs, n'hésitaient pas à faire du prêtre Osarsiph, re-
belle et persécuteur, Moïse lui-même.

Nous n'avons pas l'intention de discuter les détails qui se
rattachent au problème très controversé du séjour des Juifs
en Égypte et de leur sortie miraculeuse. Nous ne cherchons,
dans les récits de Manéthon et de Josèphe, que les renseignements chronologiques qui s'y peuvent trouver. Ici, avec
M. de Rougé, nous sommes forcé de reconnaître plus d'une
impossibilité matérielle. Nous ne parlons pas seulement du
caractère romanesque de toute cette histoire, dont le but
principal semble avoir été de transformer les Juifs, si in-
justement traités par le Pharaon biblique, en une race mi-
sérable et séditieuse. Le fond même du récit est historiquement inacceptable. Si l'Aménophis qui termine la
XVIIIᵉ dynastie a été vraiment exilé pendant treize ans en
Éthiopie, et obligé de reconquérir pied à pied son empire,
Séti I, son successeur, aura dû trouver un royaume affaibli,
renaissant à peine, incapable de prendre au dehors une vi-
goureuse offensive. Tout au contraire, Séti I construit, dès
la première année, des temples à Silsilis, et entreprend une
campagne que racontent les inscriptions de Gournah. M. de
Rougé suppose donc, de la part de Manéthon, une erreur.
Il y a eu deux Séti. Le premier inaugure brillamment la
XIXᵉ dynastie, et a pour père, non pas Aménophis, comme
le veut Manéthon, mais Ramsès I, ainsi que le prouvent les
monuments (Medinet-Habou). Le second Séti, au contraire,
est fils d'Aménophis et petit-fils de Ramsès II. Mais, entre
son père et lui, se placent la reine Tasésor et son mari
Siphthah, dont le règne fut regardé comme une usurpation. C'est donc à ce dernier roi que M. de Rougé propose

d'attribuer les revers plus ou moins historiques racontés par Manéthon. Quant au premier Aménophis, il aurait à disparaître, aussi bien que Ramsès-Meïamoun, de la XVIII<sup>e</sup> dynastie, pour rentrer dans la XIX<sup>e</sup>, et les dix-neuf années de son règne doivent, sans aucun doute, être rendues à Ramsès I, père de Séthos. Il peut, il est vrai, sembler étrange, au premier abord, de voir la XIX<sup>e</sup> dynastie débuter par un roi qui est le fils de l'avant-dernier ou du dernier roi de la dynastie précédente. Mais cette singularité s'est déjà présentée, l'on s'en souvient, pour la XIII<sup>e</sup> dynastie, et il est d'ailleurs très probable que la division des dynasties, chez Manéthon et chez les chronographes de l'Égypte, aura reposé sur des principes qui nous échappent et qui nous échapperont peut-être toujours.

Les débuts de la XIX<sup>e</sup> dynastie nous rappellent les plus beaux jours des Touthmès. Séti I et Ramsès II, Méï-Amoun (1), ont laissé dans les souvenirs nationaux des traces impérissables, attestées, non seulement par la merveilleuse légende grecque de Sésostris, mais encore par les incomparables monuments de Gournah, d'Abydos, de Karnak (2). Nous marchons donc, cette fois, sur un terrain trop manifestement historique pour avoir besoin de recourir aux détails qui sont partout, et que l'archéologie contemporaine nous prodigue, de plus en plus, avec une admirable profusion.

Notre seule ambition serait de relever, parmi cette foule

[1] Meri-Amen, chéri d'Ammon.
[2] Brugsch, *Histoire d'Égypte*; Dunker, *Geschichte des Allerthums*, tome I, p. 117-137.

de renseignements, quelque donnée chronologique qui éclairât la longue route que nous avons parcourue.

Ce n'est certainement pas dans Josèphe que nous trouverons, sur ce point, quelque lumière. Après avoir parlé fort dédaigneusement du récit de Manéthon relatif à Aménophis, prétendu père de Séti I, il ajoute : « Comment Manéthon peut-il placer sous ce roi la sortie des Pasteurs et leur marche vers Jérusalem, quand il a placé cette sortie 518 ans plus haut, sous Touthmès? » Nous croyons qu'il est aisé de justifier Manéthon, en disant qu'il a distingué deux invasions, et, par suite, deux expulsions des Pasteurs. Ils sont chassés d'abord par Touthmès, après un séjour de 511 ans; puis, plus tard, les prétendus Pasteurs de Jérusalem viennent au secours des Impurs, participent d'abord à leurs excès, ensuite, à leur défaite honteuse. L'argument de Josèphe pourrait bien manquer non seulement d'exactitude mais encore de bonne foi. Ce qui nous surprend bien davantage, c'est de voir l'écrivain juif supposer, entre Touthmès et Aménophis, un intervalle de 518 ans, alors que la XVIII° dynastie tout entière ne compte chez lui que 320 ans, desquels il faut retrancher, d'ailleurs, les 46 ans de Ramsès-Meïamoun, qui n'appartient pas à cette dynastie. Nous n'essaierons pas d'expliquer une contradiction de cette importance. Il est vrai que si nous rendons à Aménophis, vainqueur des Impurs, sa véritable place dans la XIX° dynastie, il nous faut ajouter au total de la XVIII° dynastie, d'abord le règne de Séti I, puis celui de Ramsès II, puis les règnes des trois successeurs, équivalant, dans l'Africain, à 85 ans ; dans l'Eusèbe grec, à 66 ans ; dans l'Eusèbe arménien, visiblement écourté, à 34 ans.

Le règne de Séti I est un long règne. Il est de 59 ans suivant Josèphe, de 51 ans suivant l'Africain, de 55 ans suivant les deux Eusèbe. Sans doute, les monuments ne nous mènent pas au-delà de la vingt-deuxième année de ce prince ; mais M. de Rougé nous affirme (1) que les divers portraits de Séti I attestent des différences d'âge qu'on ne saurait évaluer à moins de trente ans, et, d'ailleurs, les immenses constructions de Karnak et de Gournah supposent manifestement un long règne.

Le long règne de Ramsès-le-Grand n'est pas moins certain. Josèphe lui donne 66 ans, l'Africain 61, les deux Eusèbe 66.

Voilà donc deux règnes qui figurent à eux seuls pour 125 ans dans la chronologie de Josèphe. Il est vrai que Ramsès-le-Grand a été associé fort jeune au pouvoir par Séti I. On pourrait donc supposer que les premières années de son règne se seront confondues, dans les calculs des chronographes, avec les dernières années de Séti I. Mais on sait que, dans les usages égyptiens, le prince associé au trône n'était pas encore « le Seigneur des années ; » les dates de son règne effectif étaient comptées seulement depuis le couronnement qui le précédait. Je sais bien qu'une stèle, mentionnée par M. Lepsius (2), porte la double date de l'an 35$^{me}$ d'Aménemhès II et de l'an 3 de son successeur, Sésourtasen II. Mais il n'est pas absolument prouvé que cette double date constitue un synchronisme ; elle peut simplement indiquer que le personnage qui a dédié la stèle a fait deux

[1] *Annales de Philosophie chrétienne*, tome XXXVI, page 435.
[2] *Denkmæler*, planche X.

visites différentes en cet endroit (1). Et le synchronisme fût-il admis, rien ne prouverait encore que les prêtres et les chronographes sacrés, auteurs des canons royaux dont le papyrus de Turin nous offre un modèle, n'aient rectifié les dates du règne effectif par un calcul dont les stèles et les monuments leur offraient en abondance les éléments authentiques. Il n'est pas dit, sans doute, qu'ils aient, sur ce point, évité toute erreur, surtout si l'on admet, dans les listes royales, des remaniements très postérieurs aux événements. On peut donc, en résumé, conserver quelque doute sur ce point de détail.

Que si l'on maintient à Séti I et à Ramsès II leurs deux longs règnes, et qu'on y ajoute les 85 ans attribués par l'Africain à leurs successeurs, nous arriverions à placer Ramsès II Méneptah, le prétendu vainqueur des Impurs et des Pasteurs, 484 ans après Touthmès. Nous n'atteignons pas encore, on le voit, les 518 ans mentionnés par Josèphe.

D'autre part, un monument, qui date de Ramsès II, jette sur tout l'ensemble de cette période un jour singulier. Une stèle fameuse (2) nous montre en effet cet illustre conquérant, le Sésostris des Grecs, à la suite d'un traité de paix qu'il vient de conclure, célébrant à Sân le quatrième anniversaire séculaire de l'avènement de la XVIIe dynastie (Hycsôs), et décernant à Saïtès, premier roi de cette dynastie, le titre d'aïeul de sa race (3).

De ce fait extraordinaire peut se tirer d'abord cette con-

[1] E. de Rougé. *Annales de Philosophie chrétienne*, tome XXXIV, page 426.

[2] On la désigne du nom de stèle de l'an 400.

[3] Mariette. *Aperçu*, page 28.

clusion, que les Pasteurs, au moins ceux de la dynastie en
question, n'avaient pas laissé en Égypte une mémoire ab-
horrée, et que, de plus, la prétendue alliance contractée
par eux avec les Impurs n'avait pas eu lieu encore, si tant
est qu'elle ait jamais existé. Donc l'Aménophis de Manéᵉ
thon et de Josèphe se place après Ramsès-le-Grand.

En outre, il résulterait de la stèle de Tanis que des liens
étroits de parenté rattachaient Ramsès-le-Grand au pasteur
Saïtès. M. Mariette est libre, sans aucun doute, de ne voir
dans l'hommage rendu par Ramsès II qu'un acte de courtoisie (1). Pour notre part, nous avouons ne pas saisir le
motif qui aurait pu inspirer cet acte de politesse royale. Il
est peut-être plus simple de supposer que la famille de
Ramsès se sera rattachée, par quelque lien qui nous
échappe (2), aux étrangers de Tanis, dût cet aveu modifier
notablement l'idée que les légendes égyptiennes nous ont
donnée des Pasteurs et de leurs relations avec l'Égypte.

Mais c'est surtout au point de vue chronologique que le
monument dont il s'agit est d'une incontestable importance.
Voici enfin une date fournie par un monument, et les données de ce genre sont tellement exceptionnelles, qu'il faut
se réjouir d'une pareille découverte. La stèle dont il s'agit
nous affirme donc qu'entre l'avènement de la XVIIᵉ dynas-

[1] *Aperçu,* page 28.

[2] Peut-être la solution du problème est-elle dans l'Africain. Il remarque qu'Ahmès ou Amosis, nommé aussi Tethmosès, chef de la
XVIIIᵉ dynastie, était fils d'Aseth. Cet Aseth ne serait-il pas le nom
sémitique de quelque roi pasteur, analogue à celui d'Assis, ou de Salatis
[Josèphe], ou de Saïtès [Manéthon, dans le Scholiaste de Platon]? On
peut supposer qu'un de ces rois pasteurs aura épousé une égyptienne,
et sera devenu, de cette manière, un des ancêtres de Ramsès-le-Grand.

tie et Ramsès-le-Grand (deuxième roi de la XIX⁰ dynastie),
400 ans se sont écoulés.

La XVII⁰ dynastie est celle qui a laissé à Tanis les monuments dont il a été question plus haut. Étrangère, quant
à l'origine, à la race égyptienne, elle en a subi fortement
l'empreinte quant aux idées, aux mœurs et au culte, tout
en conservant une certaine originalité. Nous en avons con-
clu, avec beaucoup de vraisemblance, que cette dynastie
doit appartenir à la période finale de la domination des
Pasteurs. Le roi Saïtès, fondateur de la XVII⁰ dynastie, et
mentionné par la stèle de Tanis, est identique au Salatis de
Josèphe et au Saïtès d'Eusèbe. Ce roi, si l'on s'en souvient,
fut suivi, d'après Josèphe, de cinq autres princes, qui
régnèrent 259 ans. L'Eusèbe grec abrége cette durée,
qu'il réduit à 106 ans. Que si maintenant nous empruntons
à Josèphe sa chronologie, de Saïtès (Salatis) à Ramsès II,
nous obtenons les résultats suivants (1) :

| | |
|---|---:|
| Salatis et ses successeurs (XVII⁰ dynastie), | 259 ans. |
| XVIII⁰ dynastie, | 266 » |
| XIX⁰ dynastie. Séthos, | 59 » |
| | 584 ans. |

Il se serait donc écoulé 584 ans entre les débuts de la
XVII⁰ dynastie et la première année du règne de Ramsès.
Notons, pour être exact, que le chiffre est encore trop faible,

[1] Nous retranchons de ce calcul, comme erronés, les 66 ans de
Ramsès-Meïamoun, qui font double emploi dans Josèphe. Nous y
maintenons, au contraire, le premier Aménophis, dernier roi de la
XVIII⁰ dynastie, parce que les années de son règne [19 ans] doivent
être transportées vraisemblablement à Ramsès I, auquel Josèphe n'accorde qu'un règne insignifiant.

car il faudrait y ajouter les années de Ramsès antérieures
à l'érection de la stèle de Tanis (1).

Or, la supputation de Josèphe est formellement contredite par la stèle de Tanis, qui ne suppose pas plus de
400 ans entre Salatis et Ramsès II. En outre, la XVIIᵉ dynastie ayant régné, suivant Josèphe, 259 ans, il faudrait supposer, entre Touthmosis (Ahmès), fondateur
de la XVIIIᵉ dynastie, et Ramsès-le-Grand, deuxième roi de
la XIXᵉ, non plus 266 ans + 59 (règne de Séthos), c'est-
à-dire 325 ans, suivant les calculs de Josèphe; non plus
365 ans (314 ans + 51), suivant l'Africain; non plus 403 ans
(348 + 55), selon l'Eusèbe grec, mais 144 ans, ce qui réduirait à 82 ans la durée de la XVIIIᵉ dynastie.

Par malheur, cette durée de 82 ans n'est guère conci-
liable avec les monuments. Dans le tableau de la XVIIIᵉ dynastie, publié en 1847 par M. de Rougé, dans sa belle
étude sur les travaux de M. de Bunsen, sont relatés des
monuments qui mentionnent :

| | | |
|---|---|---|
| d'Ahmès, | l'an | 22 |
| de Touthmès III, | » | 35 |
| de Touthmès IV, | » | 7 |
| d'Amenotp III, | » | 36 |
| Total, | | 100 ans; |

c'est-à-dire que, sur les dix-sept rois au moins qu'il faut

[1] Suivant une inscription dont le texte, brisé en quelques endroits,
a été retrouvé à Thèbes et traduit par M. Brugsch, une paix avec les
Khétas fut conclue l'an 21ᵉ du règne de Ramsès. Cette paix, qui semble
avoir été définitive, et consacrée par le mariage du prince égyptien
avec la fille du roi Khéta, pourrait bien coïncider avec les solennités
célébrées à Tanis.

rattacher à cette dynastie, quatre noms donnent, à eux seuls, au moins 100 ans.

Tenterons-nous maintenant d'examiner le chiffre de 518 ans, écoulés, suivant Josèphe, entre Touthmosis et Ménephtah? Ce chiffre est, à l'avance, bien discrédité par la stèle de Tanis. Essayons toutefois. Touthmosis (Ahmès) est le premier roi de la XVIII° dynastie, et il est dit expressément par Josèphe, qu'après avoir renfermé les Pasteurs dans Avaris, il régna 25 ans. Maintenant, admettons la chronologie de Josèphe avec les erreurs et les fautes qui s'y sont glissées ; laissons au faux Ménephtah la place qui lui est assignée, par l'écrivain juif, au commencement de la XVIII° dynastie : nous obtenons pour toute cette dynastie, jusqu'à Ménephtah, y compris le faux Ramsès–Meïamoun, 307 ans. Nous voilà bien loin encore des 518 ans mentionnés plus haut.

Mais transportons le roi Ménephtah à la place que lui assurent les monuments ainsi que les vraisemblances historiques, au sein de la XIX° dynastie. Ajoutons d'abord au total de la XVIII° dynastie les années de Séthos et de Rampsès, suivant Josèphe (59 + 66 = 125) ; nous avons un total de 432 ans. Ici, Josèphe nous abandonne ; mais le tableau suivant, emprunté à M. de Rougé, nous permet de suivre le calcul.

| L'AFRICAIN. | Durée du règne. | Prénoms sur les monuments. | Noms propres. |
|---|---|---|---|
| Rapsakès (Ramsès). | | | |
| Aménephtès, | 20 ans, | Baïen ra maï en Amoun, | MAIENPHTAH otp hi ma. |
| Ramsès (III), | 60 — | Bekhenra Sotpenra, | SIPHTAH Maïenphtah. |
| Aménemmès, | 5 — | Menkera Sotpenra, | AMENMÉSÈS. |
| | | Ra sésor térou Meï Amoun, | SÉTI II, Maïenphtah. |
| TOTAL. | 85 ans. | | |

Voilà donc trois princes mentionnés par l'Africain et confirmés par les monuments. Le dernier correspond, suivant M. de Rougé, à l'Aménophis de Josèphe, vainqueur des Impurs, alliés des Pasteurs. Le total des trois règnes, dans l'Africain, donne 85 ans. Ajoutés aux 432 ans obtenus plus haut (XVIII° dynastie, plus Séti I, plus Ramsès II de Josèphe), nous aurons un total de 517 ans, qui représente l'intervalle écoulé entre Touthmès (Ahmès) et Aménophis, prétendu vainqueur des Hycsôs et des Impurs, c'est-à-dire que nous arrivons précisément aux 518 ans mentionnés par Josèphe.

La coïncidence est, certes, singulière. Elle n'est due, je ne l'ignore pas, qu'aux erreurs de Josèphe, qui introduit, dans sa liste de la XVIII° dynastie, deux règnes qui appartiennent à la dynastie suivante. Il est, cependant, très vraisemblable que le chiffre total de 518 ans, à part les erreurs de détail, appartient réellement à Manéthon.

Mais, comment concilier ce chiffre avec celui que fournit la stèle de Tanis ? Comment accorder à la XVIII° dynastie, accrue des cinq premiers rois de la XIX°, une durée de 518 ans, quand la XVII° tout entière (259 ans, suivant Josèphe), plus la XVIII°, plus les deux règnes de Séti I et de Ramsès, n'ont pas, d'après la stèle, dépassé 400 ans? Où est l'erreur? où est la vérité? Est-ce Manéthon qui se trompe? est-ce le monument? Nous ne prétendons nullement trancher cette question délicate. Il nous suffit de constater les nouvelles incertitudes qu'une discordance aussi singulière jette forcément sur toute cette période, et d'en tirer, une fois de plus, cette conclusion, que la chronologie égyptienne, telle qu'elle nous est apparue jusqu'ici, est bien loin de reposer sur une base solide ; qu'il est tout au plus permis de risquer, à son sujet, quelques timides conjectures ; qu'on ne saurait appuyer sur Manéthon aucun système un peu sûr, et que les monuments eux-mêmes, qui sembleraient être les infaillibles témoins des âges écoulés, nous réservent, eux aussi, d'étranges embarras et d'insolubles problèmes.

Mais peut-être, en descendant le cours des siècles, en nous rapprochant des périodes vraiment historiques de l'antiquité, peut-être allons-nous rencontrer enfin ce qui nous a manqué, jusqu'ici, si cruellement : une date incontestable, authentique, gravée sur le granit, ou enfouie dans quelque tombe avec les papyrus sacrés. Et d'abord, pour ce qui concerne la XIXᵉ dynastie, naguère si puissante entre les mains de Séti I et de Ramsès-le-Grand, nous allons la voir décliner à son tour, et à son tour embarrasser le chronographe. Après le règne des trois premiers successeurs de Ramsès-le-Grand, se place un Ménephtah, mentionné par les monuments et omis par Josèphe. Si ce prince est vraiment celui qui eut affaire aux Impurs et aux Pasteurs, ce serait un règne d'au moins treize ans qu'il faudrait lui assigner, d'après la légende égyptienne rapportée plus haut (1). Son successeur, Séti II, régna réellement sur l'Égypte. Il paraît, cependant, qu'il eut des rivaux. L'ordre des successions, pour toute la période qui suit Ramsès, demeure très obscur. Un roi de cette période, nommé Amenmésès, a même été considéré comme un usurpateur, car

[1] Cette durée est même insuffisante quand on réfléchit que le jeune Séti, fils de Ménephtah, qui est âgé de cinq ans au moment où son père se réfugie en Éthiopie, revient de ce pays à la tête d'une armée.

son nom a été martelé sur les monuments. Il avait dû, paraît-il, le pouvoir à sa femme Taouser. Cependant il figure sur les listes de l'Africain (5 ans) et d'Eusèbe (26 ans). Puis vient le roi Thuoris, Necht-Séti (6 ans), dont Manéthon a fait le contemporain de la chute de Troie, et dans lequel il voit le Polybe d'Homère, l'époux d'Alkandra (1). Le total de cette dynastie est de 209 ans dans l'Africain, de 194 dans Eusèbe. M. Mariette le réduit, je ne sais pourquoi, à 174 ans. Encore une fois, nous ne possédons sur toute cette période aucun renseignement qui soit suffisamment clair.

Thuoris, le dernier roi de la XIXᵉ dynastie, est père de Ramsès III, premier roi de la XXᵉ. Ce n'est pas la première fois que nous remarquons, dans les listes manéthoniennes, des dynasties ainsi coupées. Ici, l'annaliste égyptien, ou ses compilateurs, eurent sans doute l'intention de terminer le second livre, qui s'arrête à la XIXᵉ dynastie, au moment précis qui correspondait, dans leur pensée, à la prise de Troie, événement très connu de leurs lecteurs grecs.

La XXᵉ dynastie ouvre, dans l'ouvrage de Manéthon, la troisième période, celle du Nouvel Empire. Cette dynastie compte 12 rois dans l'Africain et dans Eusèbe. Comme la précédente, elle est diospolitaine (thébaine). Nous savons, par les bas-reliefs de Médinet Habou, que le premier roi de cette dynastie, Ramsès III, monté fort jeune sur le trône, rappela brillamment, par ses expéditions en Asie, en Phénicie, en Syrie, en Lybie, les exploits des Ramsès-le-

[1] *Odyss.*, IV, 126.

Grand et des Touthmès. Divers combats, se rapportant à la huitième, à la onzième et peut-être à la douzième année de son règne, sont mentionnés par les monuments (1), puis le silence se fait. De ses successeurs, l'Africain et Eusèbe ne nous ont rien conservé, pas même les noms. Si nous en croyons M. de Bunsen (2), les monuments nous montrent, après Ramsès III, onze rois, ses homonymes, et assez obscurs. Les quatre premiers auraient été ses fils, et il n'est pas invraisemblable qu'ils aient régné simultanément sur les diverses contrées de l'Égypte (3). D'autre part, les inscriptions nous permettent d'assigner au règne de leurs successeurs une durée d'au moins 88 ans. Si l'on admet le chiffre de l'Africain (135 ans), il ne resterait aux quatre premiers Ramsès que 47 ans (4). Ce chiffre est acceptable à la rigueur, pour qui admet des règnes simultanés. Autrement, on est libre de se ranger, avec M. Lepsius (5), au calcul d'Eusèbe (178 ans).

Nous arrivons à la XXI⁰ dynastie, avec laquelle s'ouvre décidément pour l'Égypte, une longue période de décadence. Déjà, sous la XIX⁰ et la XX⁰ dynastie, les monuments attestent l'influence toujours croissante de la race sacerdotale. Tandis que les pâles successeurs des Ramsès laissent déchoir au dedans comme au dehors (6) l'autorité

[1] Robiou; *Histoire ancienne des peuples de l'Orient*, p. 134-138 ; Dunker, *Geschichte des Alterthums*, t. I, p. 140 et suiv.

[2] *Ægyptens Stelle*, IV, p. 236.

[3] De Rougé. *Étude sur une stèle de la Bibliothèque impériale.* page 190.

[4] Dunker. *Geschichte des Alterthums*, t. I, p. 140 et suiv.

[5] *Kœnigsbuch*, p. 82.

[6] Le règne de Ramsès XII [fin de la XX⁰ dynastie] marque le terme de la domination des Pharaons en Asie.

que des mains si fermes leur avaient léguée, les grands-prêtres d'Ammon, à Thèbes, se posent en rivaux de la dynastie, et se trouvent bientôt assez forts pour la supplanter. Sous le règne de Ramsès XII, le grand-prêtre Her-Hor prend les titres « de fils du soleil, » de « seigneur très grand dans la haute et basse Égypte, » de « commandant en chef des armées. » Plus tard, il usurpe et le titre et les marques de la royauté (1). Après lui, son successeur Piankh se contente, il est vrai, du titre de grand-prêtre ; mais bientôt les dénominations ambitieuses reparaissent dans cette famille qui s'allia, dit-on, par mariage, aux descendants d'un rival de Séti II (2). Cependant, une autre dynastie s'élevait à Tanis, dans la Basse-Égypte (XXIᵉ dynastie) (3), laissant les prêtres d'Ammon régner, de fait, dans la ville de Thèbes. La durée de cette dynastie est, dans Eusèbe et dans l'Africain, de 130 ans ; les derniers rois de Tanis parvinrent à régner, d'ailleurs, sur l'Égypte entière.

Il est digne de remarque que la dynastie sacerdotale de Thèbes est omise dans Manéthon, fort préoccupé, paraît-il, de ne transmettre à la postérité que le nom des légitimes dynasties. Déjà nous l'avons vu écarter avec soin de la XVIIIᵉ dynastie les régentes usurpatrices. L'annaliste égyptien aurait donc banni de son tableau les dynasties ou les règnes simultanés qu'il considérait comme entachés

---

[1] Brugsch. *Histoire*, p. 215-217.

[2] Robiou, *Histoire ancienne des peuples de l'Orient*, p. 140.

(3) Le nom de Smendès, premier roi de la dynastie, a été retrouvé à Tanis, inscrit sur de petites feuilles d'or quadrangulaires. [Mariette. *Description du parc égyptien à l'Exposition universelle*, 1867, p. 58].

d'illégalité. Mais conclure de là qu'il en ait exclu toute dynastie simultanée, même légitime, ce serait émettre une
assertion que nous croyons insoutenable, et qui est contredite, on l'a vu, par le texte, bien étudié, des anciens chronographes, et par les révélations fournies de nos jours par
les monuments.

La XXIIe dynastie (bubastique), est un peu moins obscure
que ses devancières. Quoique alliés par un mariage au dernier
ou à l'avantd-ernier roi de la dynastie précédente, Osorkhon
et son fils Sésonchis (Schéshonk I) semblent appartenir à la race
asiatique. Les rois de cette dynastie et leurs ancêtres portent des noms qui ne sont point égyptiens (1). Après Sésonchis et Osôrôth, (ou Osôrthon), l'Africain et Eusèbe
mentionnent, sans les désigner autrement, trois autres rois,
puis Takellôthis, puis, de rechef, d'autres rois innommés.
La durée totale de la dynastie aurait été de 120 ans suivant
l'Africain, de 44 seulement suivant Eusèbe. Les monuments, si rares qu'ils soient, pour toute cette période, permettent néanmoins d'affirmer que le chiffre donné par
l'Africain, ne péche point par exagération. Ils attestent,
par exemple, la 22e année de Scheschonk, la 15e de Take-
lot Iᵉʳ, la 14e d'Osorkon III, la 29e de Scheschonk III, et
pour le total, un minimum de 164 ans (2). De plus, ils nous
ont restitué les noms omis par les chronographes, de telle
sorte que la succession de la dynastie est assez complète.
Aussi, pour en réduire la durée à 120 ans avec l'Africain,
faut-il admettre avec M. Brugsch (3) que plusieurs règnes

[1] Brugsch. *Histoire d'Egypte*, tome I, p. 419.
[2] Le total serait de 174 ans suivant M. Lepsius.
[3] *Histoire*, pages 229-235.

se sont suivis par voie d'association, de manière à occuper un espace de temps très inférieur à la somme qui résulterait de l'addition totale.

Il faut en dire autant de la XXIII<sup>e</sup> dynastie (Thinite), qui ne compte dans les listes que quatre rois, dont trois se retrouvent sur les monuments (1). La XXIV<sup>e</sup> dynastie (Saïte) ne se compose que d'un roi, Bocchoris, qui paraît n'avoir pas régné plus de 6 ans, quoique Eusèbe lui attribue 44 ans, dont il emprunte sans doute la majeure partie au règne précédent.

La dynastie suivante nous ramène encore une fois à l'hypothèse des dynasties simultanées. C'est pour l'Égypte une époque d'humiliation profonde, qui rappelle le temps des Pasteurs. Les anciens vassaux des Pharaons, qui subissaient naguère le joug des gouverneurs envoyés d'Égypte, les Éthiopiens, « la vile race de Kousch », profitent de la décadence profonde où sont tombés leurs anciens maîtres, pour s'emparer du pays, mettre à mort, s'il faut en croire Manéthon, le roi Bocchoris, et fonder même, à leur tour, une dynastie (XXV<sup>e</sup>), qui compte trois rois dans les chronographes (2), et dura 40 ou 44 ans. Cependant, à côté de la dynastie conquérante, et comme au temps des Hycsôs, une royauté nationale subsiste dans certains cantons. La

---

(1) Brugsch, p. 237-242. — Robiou. *Histoire ancienne des peuples de l'Orient*, p. 142. Cette dynastie occupe dans l'Africain, 84 rois, 49 dans Eusèbe, qui supprime le long règne du dernier roi, Zêt (31 ans).

[2] L'Amméris éthiopien, qui apparaît, sans doute par erreur, dans les deux Eusèbe, comme premier roi de la XXVI<sup>e</sup> dynastie [Saïte] doit être restitué, suivant toute vraisemblance, à la dynastie éthiopienne. Peut-être, sous un nom différent, est-il analogue à l'un des trois rois de l'Africain.

famille qui forma ensuite la XXVI<sup>e</sup> dynastie, se maintient, selon toute apparence, dans le Delta occidental, à Saïs (1), où le pays, semé de marécages, offrait une défense facile. Pour ce qui est de la dynastie Éthiopienne, les monuments et les chronographes s'accordent suffisamment ; Sevekos et Tarakos, successeurs de Sabakon, ont, dans l'Africain, un règne de 14 et de 18 ans. Or, les monuments (2) nous parlent de la 12<sup>e</sup> année de Sévékos (Sabataka) et de la 26<sup>e</sup> de Tarakos (Tahalka). La durée totale de la dynastie est donc très voisine des 40 ou 44 ans mentionnés par les chronographes (3.)

La dynastie éthiopienne disparut enfin de l'Égypte, par suite d'un songe qui, suivant Hérodote, aurait effrayé le prince étranger, ou peut-être après une guerre dont les légendes égyptiennes ne nous ont pas conservé le souvenir. L'Égypte se trouva libre. Suivant Hérodote, elle se donna douze rois égaux en puissance, qui se partagèrent la vallée du Nil. L'un d'eux, Psammétik, supplanta ses rivaux et régna sur le pays entier.

Selon Diodore (4), la retraite des Éthiopiens aurait été suivie de deux ans de troubles et de guerres civiles ; puis aurait eu lieu l'établissement de la dodécarchie, qui se serait maintenue pendant quinze ans. D'autre part, le roi Psam-

[1] Suivant Hérodote [II, 137-141] le roi Nécho, de Saïs, mis à mort par Sabakon, appartenait à la famille de Bocchoris.

(2) Les monuments relatifs à cette dynastie se trouvent principalement en Éthiopie, à Barkal. Il faut y ajouter quelques constructions moins importantes à Karnak, et surtout les stèles des Apis.

[3] Dunker. *Geschichte des Alterthums,* tome I, p. 946 ; Rœckerath, page 205.

(4) I. 66.

métik est, dans les listes manéthoniennes, le quatrième roi
de la XXVIᵉ dynastie (Saïte). Il semble continuer, sans intervalle aucun, ses prédécesseurs, ces mêmes rois qui, suivant toute vraisemblance, avaient réussi à garder leur
indépendance dans le Delta occidental. Il n'est point question, dans Manéthon, de la dodécarchie. Seulement, le long
règne de Psammétik est à remarquer. Il dure 54 ans dans
l'Africain, 45 ans dans Eusèbe. Il est possible que les 17
années mentionnées par Diodore avant l'avénement formel
de Psammétik s'y trouvent comprises, d'autant plus qu'une
stèle des Apis, interprétée par M. de Rougé, nous montre
que Psammétik comptait parmi les années de son règne, les
années de la dodécarchie (1). En omettant celle-ci, Manéthon
se serait montré fidèle aux monuments. Ce qui se justifie
moins, c'est que le règne des trois prédécesseurs de Psammétik soit compté au total de la XXVIᵉ dynastie, si ces
trois princes ont été contemporains des Éthiopiens, comme
le prouvent les stèles du Sérapeum. Il faudrait donc retrancher 21 ans des 150 ans attribués par l'Africain à la dynastie Saïte. L'erreur, sans doute, n'est pas considérable ; mais
il est important de la relever. L'époque de la conquête
éthiopienne et du règne de Psammétik, n'est point une de
ces périodes lointaines qui dût présenter aux chronographes
égyptiens de bien grandes incertitudes. Une date authentique, la première que nous rencontrions sur notre route (2),
nous prouve que l'année 665 avant J.-C. correspondit avec
l'avénement de Psammétik. Nous sommes là, par consé-

(1) *Journal de l'instruction publique*, 4 janvier 1866. *Études sur la
chronologie égyptienne*, d'après le cours de M. de Rougé, par M. Robiou.

[2] Mariette. *Aperçu*, page 70.

quent, en pleine période historique. Nous touchons à la
conquête de l'Égypte par Cambyse (XXVII⁰ dynastie) qui
se place, suivant l'Africain, 75 ans après Psammétik. N'est-
il pas étrange de constater que les souvenirs indigènes
et les documents écrits, que nous devons supposer existant
alors en abondance, n'aient pu préserver les chronographes
d'erreurs relativement importantes, au sujet d'une période
aussi voisine et aussi pleinement historique ? Que dis-je ?
Les dynasties suivantes, la dynastie Persane en particulier,
nous offre, dans les listes attribuées à Manéthon, des données contradictoires. Il suffit de comparer les listes de l'A-
fricain et d'Eusèbe pour s'apercevoir que, si le total de la
XXVII⁰ et XXX⁰ dynastie est à peu près identique de part
et d'autre, les chiffres partiels offrent de singulières divergences (1). Je n'ignore pas qu'Eusèbe est ici principalement coupable. Laissons donc ce détail, qui n'offre à notre
thèse qu'un très médiocre intérêt, et jetant les yeux en
arrière, après cette course laborieuse, essayons de tirer,
avant de finir, quelques rapides conclusions.

[1] Les stèles des Apis, qui, sur toute cette période, sont d'une
importance capitale, contredisent à leur tour les documents écrits. Par
exemple, elles assignent à Néçao un règne de 15-16 ans [c'est aussi le
chiffre donné par Hérodote], tandis qu'Eusèbe n'attribue que six ans à
ce même règne. De même, la date de l'avènement de Cambyse en
Égypte s'est trouvée erronée. C'est en 527 avant J.-C. qu'il faut la
placer, suivant les mêmes stèles, et non en 525, ainsi que le voulaient
les chronographes. [*Journal de l'instruction publique*, 6 janvier 1866.]

# CONCLUSIONS

Ces conclusions sont de deux sortes : il y en a deux qui
ont trait directement à ce qu'il y a de fondamental dans la
chronologie manéthonienne ; une autre a pour objet l'histoire et, en quelque sorte, la genèse de cette chronologie.
Nous réservons celle-ci pour la fin. Des deux conclusions
annoncées d'abord, la première se rapporte aux dynasties
simultanées, la seconde au système chronologique attribué
à Manéthon.

Si l'on a examiné avec attention les détails que nous
avons essayé de mettre en lumière, on doit être convaincu
que l'hypothèse des dynasties simultanées est loin d'être
infirmée par les monuments. Peu importe que M. de Bunsen se soit trompé décidément en faisant reposer cette
hypothèse sur la liste d'Ératosthène ; peu importe, en second lieu, qu'on ait classé à tort, parmi les dynasties provinciales et simultanées, des dynasties que les monuments
nous montrent partout répandues et partout maîtresses
(par exemple, les dynasties II, V, XIII). Car, mises à part
ces erreurs de détail, un fait subsiste, à savoir que les
monuments, consultés avec attention, nous permettent
quelquefois d'affirmer, très-souvent de soupçonner l'exis-

tence simultanée de plusieurs dynasties que Manéthon
paraît avoir regardées comme successives. Ainsi en est-il,
nous l'avons vu, de toute la période qui s'étend entre la
VIᵉ et la XIIᵉ dynastie. Il est très vraisemblable que les
dynasties IX-X (héracléopolites) auront été contemporaines
des dynasties VI, VII, VIII et XI (memphites et thébaines).
Ainsi en est-il encore de la période dite des Hycsôs. La
XIVᵉ dynastie peut-être, mais très probablement la
XVIIᵉ dynastie de l'Africain, les XVᵉ et XVIᵉ d'Eusèbe, se
seront maintenues plus ou moins dépendantes à côté de la
dynastie, ou des dynasties conquérantes des Pasteurs.
Le texte de Josèphe, bien médité, légitime cette assertion.
Ainsi en est-il, en troisième lieu, de la XXIᵉ dynastie (ta-
nite), contemporaine de la XXᵉ (thébaine), et de la XXVᵉ
(éthiopienne), contemporaine de la XXVIᵉ (saïte).

Et qu'on ne dise point que, pour ce qui regarde certaines
dynasties, par exemple les dynasties VI-XII, des fouilles,
entreprises sur les lieux où régnèrent ces dynasties, pourraient bien modifier nos conclusions ; car ces fouilles,
fussent-elles couronnées de succès, argueraient uniquement
en faveur de dynasties locales, et, de plus, on ne saurait
oublier que l'absence complète, dans Manéthon, de noms
royaux et de détails relatifs à ces dynasties, nous amène à
croire que, dès l'époque où écrivit le prêtre thébain, les
souvenirs manquaient, et les monuments faisaient silence.

D'ailleurs, il ne nous est pas prouvé absolument que la
présence, sur plusieurs points du territoire, de monuments
appartenant à une dynastie, soit une preuve suffisante que
cette dynastie n'ait pas coexisté avec d'autres. Ces monuments pourraient bien n'attester qu'une chose, à savoir, la

suzeraineté plus ou moins rigoureuse exercée par la dynastie en question sur des dynasties locales et secondaires.

Donc nous maintenons, jusqu'à nouvel ordre, l'hypothèse de plusieurs dynasties simultanées. Cette première conclusion nous amène à la suivante.

Manéthon a classé dans ses listes, à titre de dynasties successives, plusieurs dynasties qui, de fait, furent simultanées ; c'est, ou bien qu'il aura ignoré l'existence de dynasties collatérales, ou bien que, la connaissant, il aura sacrifié la vérité à quelque système chronologique *à priori*.

Or, Manéthon a su, sans aucun doute, que, parmi les dynasties qui se succédèrent en Égypte, plusieurs avaient été simultanées ; et la preuve, c'est que son œuvre, confrontée avec les monuments, se présente à nous comme une œuvre critique, où a présidé un certain travail d'élimination. Nous sommes, sur ce point, de l'avis de M. Mariette (1) : « Peut-être des découvertes inattendues prouveront-elles un jour que, pendant toute la durée de l'empire égyptien, il y eut encore plus de dynasties collatérales que les partisans de ce système n'en admettent aujourd'hui. » Déjà, dans le cours de ce travail, nous avons constaté l'existence de rois et même de dynasties que Manéthon a cru devoir omettre ; par exemple, nous avons cité le roi Smentet, ancêtre de Touthmès, se rattachant à une dynastie dont les ruines de Memphis ont conservé quelques cartouches. Donc Manéthon a fait un choix parmi les docu-

[1] *Aperçu*, p. 67.

ments très nombreux que lui fournissaient les papyrus sacrés et les listes monumentales. Mais à ce choix, à ce
travail critique a présidé, nous l'affirmons, une conception
mystique *à priori* : la pensée, fermement arrêtée, d'égaler
la durée de l'empire égyptien à celle de trois périodes sothiaques (1461 ans), dont deux comptées en années lunaires, la troisième en années solaires ; y ajoutant assez de
dynasties héroïques et divines pour atteindre un total de
vingt-cinq périodes de Sothis.

Qu'on admette le total de 3555 ans accepté par M. Th.-
H. Martin et M. Lepsius, ou qu'on se range, avec M. de
Rougé et M. Biot, à l'assertion de Censorinus, qui nous
amène à placer en 2782 avant J.-C. le début de la première période sothiaque, peu importe, après tout. Distin-
guons avec soin Manéthon de l'école d'Alexandrie, et
restons ferme sur un point : les chiffres peuvent varier,
mais le système est identique.

Ainsi la chronologie manéthonienne est une chronologie
arbitraire, fondée sur une conception *à priori*.

Qu'on ne nous demande pas, néanmoins, de préciser
avec rigueur, dans cette chronologie, les points suscep-
tibles d'abréviation ; cette tâche n'est pas seulement au-
dessus de nos forces : elle est en dehors du but que nous
nous sommes proposé. Que si l'on nous pressait d'indiquer
au moins d'une manière générale ce que nous croyons possible à ce sujet, nous dirions que la période qui s'étend
entre la VIᵉ et la XIIᵉ dynastie doit sans doute être notablement raccourcie ; que la période qui embrasse, dans
Manéthon, une partie du Moyen Empire (dynasties XIII ou

XIV à XVII), n'a probablement pas dépassé de beaucoup les 511 ans assignés par Josèphe à la domination des Hycsôs. Quant aux dynasties suivantes, nous avons observé qu'en nous rapportant à la stèle de l'an 400, les débuts de la XIX<sup>e</sup> dynastie ne seraient pas aussi éloignés de la XVII<sup>e</sup> que le prétend Manéthon. Par malheur, les monuments, tels que les expliquent les archéologues les plus autorisés, ne se prêtent guère à l'hypothèse d'une période aussi courte : d'où il nous faut conclure, ou bien que la stèle de l'an 400, malgré son caractère officiel et, on peut le dire, solennel, nous a transmis une forte erreur, ou bien que, dans le déchiffrement des inscriptions monumentales, quelque détail nécessaire nous fait défaut, — peut-être, par exemple, la connaissance suffisante du système usité chez les Égyptiens pour dater le règne de leurs princes. Enfin, en ce qui concerne les dynasties du Nouvel Empire, nous avons vu, par le détail, que bien des chiffres avancés par les chronographes sont rectifiés par les monuments ; que des abréviations sont nécessaires sur plusieurs points ; qu'en tout cas, c'est un fait bien étrange et très significatif que, même pour les plus récentes périodes de l'histoire nationale, les données manéthoniennes se trouvent si souvent démenties par l'étude des monuments contemporains.

A ces conclusions, que nous indiquons à grands traits, nous devons joindre quelques mots sur l'origine et, en quelque sorte, la genèse de la chronologie de Manéthon.

Cette chronologie a eu certainement pour base des traditions nationales fort anciennes, puisqu'au temps de la

XVIII° dynastie, le rédacteur du papyrus de Turin essayaît déjà une classification des dynasties fort analogue, quant à l'essentiel, à la tentative très postérieure de Manéthon.

Il est étrange, néanmoins, que ni Hérodote, ni surtout Ératosthène n'aient eu connaissance de ces traditions. Le dernier n'ignore pas seulement la classification par dynasties, il ne connaît même pas le nom de son contemporain Manéthon. Diodore, quelques années avant l'ère chrétienne, ne ramasse guère en Égypte que des souvenirs confus et romanesques. Cependant, quelques mots de lui nous feraient croire qu'il a entendu parler d'un système de supputation assez analogue au système de Manéthon ; je veux parler de son allusion au roi Mœris, qu'il place, suivant quelques-uns, 4700 ans avant lui.

A cette époque, la chronologie manéthonienne se dessine évidemment. Josèphe, soixante ans après Diodore, connaît l'ouvrage du prêtre thébain ; il le cite, il lui emprunte des chiffres, tout en remarquant déjà que plusieurs manuscrits, soi-disant manéthoniens, lui paraissent indignes de confiance.

C'est qu'en effet, Manéthon allait devenir, pour plusieurs siècles, entre les mains des Grecs, des Égyptiens, des chrétiens, mais surtout des Juifs, une sorte de machine de guerre dont chacun usait à sa guise et qu'il accommodait à ses besoins. De là ces divergences dans les chiffres totaux et partiels représentant la durée des dynasties. De là ces diverses manières de supputer les périodes sothiaques incluses originairement dans l'œuvre manéthonienne, mais dont l'importance ne paraît avoir été comprise qu'à cette époque.

Telle est l'origine, tels sont les progrès et les transformations de l'œuvre manéthonienne.

Et maintenant, nous demandera-t-on le résultat définitif de notre étude ? Si l'on entend parler d'un résultat affirmatif au point de vue de la chronologie, il est nul, ou à peu près. Mais là où manque la lumière, là où les documents font défaut ou ne transmettent que des données incomplètes, c'est encore servir la science que de savoir hésiter. La chronologie égyptienne, même après les travaux immenses dont nous avons parlé, demeure et demeurera peut-être toujours un problème. Chose étrange ! la question semble à peine avoir avancé de quelques pas depuis Eusèbe. Au temps du savant annaliste, elle était de celles qui déjà préoccupaient vivement l'opinion publique. Certains esprits la tranchaient, semble-t-il, par des affirmations hardies (1). Cette méthode, hélas ! notre dix-neuvième siècle ne saurait se vanter de l'avoir désapprise. Jamais, sur les points les plus obscurs de l'histoire, de la philosophie, de la religion, même des sciences dites expérimentales, jamais on n'a vu dans les discours, les livres et les feuilles publiques, une pareille audace à tout résoudre par des allégations sans preuve, jetées en pâture à un public aussi avide de formules toutes faites qu'il a horreur d'un examen approfondi. Que gagne la science, que gagne la vérité à ces procédés naïvement expéditifs ? C'est ce qui inquiétait déjà l'évêque de Césarée, et, à l'encontre de ces assertions présomptueuses qui se posaient autour de lui, il maintenait fermement les droits du bon sens et de la saine critique. Il affirmait, de son côté, que la chronographie égyptienne

[1] *Voir* l'épigraphe de notre thèse.

était loin d'être éclaircie, et, entreprenant lui-même de l'étudier, il n'avait pour but, disait-il, que de fixer le débat et d'en préciser les termes.

Telle est exactement, après quinze siècles de distance, l'intention qui nous a dirigé dans notre travail bien incomplet. Puisse le résultat ne pas être jugé trop insuffisant, ni l'entreprise trop téméraire !

# APPENDICE

## ANNEXE I

### LES DYNASTIES ÉGYPTIENNES, SUIVANT MANÉTHON

Nous empruntons à l'excellente *Chronologie* de M. Rœckerath (page 148), le tableau des dynasties manéthoniennes. Les lettres A B C désignent les variantes que donnent les mss. La lettre S désigne la chronologie du prêtre Samuel.

| Dyn. | | | Liste de l'Africain. | | | Liste d'Eusèbe. | | | | Eusèbe arménien. | | |
|---|---|---|---|---|---|---|---|---|---|---|---|---|
| | | | A | B | C | | A | B | C | A | B | C |
| I | 8 | Thinites | 263 | 253 | | 8 Thinites | 258 | 252 | | 226 | 252 | 228 |
| II | 9 | Thinites | 302 | 302 | | 9 ? | | 297 | | | 297 | |
| III | 9 | Memphites | 214 | 214 | | 8 Memphites | | 198 | | | 197 | |
| IV | 8 | Memphites | 284 | 274 | B 277 | 17 Memphites | | 448 | | | 448 | |
| V | 8 (9) | Éléphantins | 218 | 248 | | 51 Éléphantins | | 100 | | | | |
| VI | 6 | Memphites | 203 | 203 | | Nitokris (et ?) | 5 | 5 | B 203 | | 203 | |
| VII | 70 | Memphites | | 70 jours. | | 5 Memphites | | 75 j. | B 79 j. | | 75 | |
| VIII | 27 | Memphites | | 146 | 142 | 5 (9) Memphites | | 100 | | | 100 | |
| IX | 19 | Héracléopolites | | 409 | | 4 Héracléopolites | | 100 | | | 100 | |
| X | 19 | Héracléopolites | | 185 | | 19 Héracéopolites | | 185 | | | 185 S 187 | |
| XI | 16 | Diospolites | | 45 | | 16 Diospolites | | 43 | | | 45 | |
| | | Amménémès | 16 | 16 | | Amménémès | 16 | 16 | | 16 | 16 | |

TOTAL du premier livre, 192 rois en 2300 ans 70 jours.

192 rois en 2300 ans 79 jours

2300 ans.

| Dyn. | Liste de l'Africain. | | | Liste d'Eusèbe. | | | Eusèbe arménien. | | |
|---|---|---|---|---|---|---|---|---|---|
| | A | B | C | A | B | C | A | B | C |
| XII 7 Diospolites | 169 | 160 | | 7 Diospolites 182 | 245 | | 182 | 245 | S 247 |
| XIII 60 Diospolites | | 455 | 484 | 60 Diospolites | 455 | | | 455 | S 454 |
| XIV 76 Xoïtes | | 184 | | 76 Xoïtes | 184 | 484 | | 484 | |
| XV 6 Phéniciens | 284 | 284 | | ? Diospolites | 250 | | | 250 | |
| XVI 52 Pasteurs | | 518 | | 5 Thébains | 190 | | | 190 | |
| XVII 43 Pasteurs et Diospolites | | 151 | | 4 Phéniciens 105 | 105 | | 105 | 105 | |
| XVIII 16 Diospolites | 262 | 265 | A 259 | 14 (16) Diospolites 521 | 548 | A 578 | 512 | 548 | A 548 |
| XIX 6 (7) Diospolites | 204 | 209 | A 210 | 5 Diospolites 194 | 194 | | 162 | 194 | |

TOTAL du deuxième livre, 96 rois en 2121 ans.     92 rois en 1121 ans.     2121 ans.

| Dyn. | A | B | C | A | B | | A | B | C |
|---|---|---|---|---|---|---|---|---|---|
| XX 12 Diospolites | | 155 | | 12 Diospolites | 178 | | 172 | 178 | |
| XXI 7 Tanites | 114 | 150 | A 130 | 7 Tanites 130 | 150 | | 130 | 150 | |
| XXII 9 Bubastiques | 116 | 120 | | 3 Bubastiques 49 | 49 | | 49 | 49 | BS 29 |
| XXIII 4 Tanites | 89 | 89 | A 92 | 3 Tanites 44 | 44 | | 44 | 44 | S 45 |
| XXIV Bocchoris | 6 | 6 | | Bocchoris 44 | 44 | | 44 | 44 | |
| XXV 5 Éthiopiens | 40 | 40 | | 5 Éthiopiens 44 | 44 | | 44 | 44 | |
| XXVI 9 Saïtes | 150½ | 150½ | | 9 Saïtes 168 | 165 | | 167 | 167 | A 165 / 171 / 173 |
| XXVII 8 Persans | 124⅓ | 124⅓ | | 8 Persans 120⅓ | 121⅓ | | 120⅓ | 120⅓ | |
| XXVIII Amyrtœus Saïte | 6 | 6 | | Amyrtœus 6 | 6 | | 6 | 6 | |
| XXIX 4 Mendésiens | 20⅓ | 20⅓ | | 4 3 Mendésiens 21⅓ | 21⅓ | | 21⅓ | 21⅓ | |
| XXX 3 Sébennytes | 58 | 58 | | 5 Sébennytes 20 | 20 | | 20 | 20 | A 59 |
| XXXI 3 Persans | 9 | | | 5 Persans 16 | | | 16 | | |

TOTAL du troisième livre, 1050 ans.     ?     ?

# ANNEXE II

RÉCIT DE JOSÈPHE AU SUJET DES HYCSÔS

[*Contr.* Apion, I, 14].

Sous le règne du roi égyptien Timaüs, « arrivèrent à
l'improviste, par l'est, des étrangers appartenant à une
race obscure, mais vaillante, lesquels s'emparèrent de l'É-
gypte sans combat, subjugèrent les chefs du pays, incen-
dièrent les villes, détruisirent les temples des dieux, tuè-
rent un grand nombre d'habitants, réduisirent le reste en
esclavage ; puis ils choisirent parmi eux un roi, nommé Salatis. Celui-ci se rendit maître de Memphis, leva des impôts
sur la haute et basse Égypte, plaça des garnisons dans les
lieux convenables, et fortifia particulièrement la partie
orientale du pays, pour résister aux invasions des Assyriens, alors très puissants. Ayant trouvé dans le nome de
Saïs une ville fort bien située, à l'est de l'embouchure
bubastique, et qui est nommée Avaris dans un vieux document sacerdotal, il la fortifia d'une manière redoutable,
et la munit d'une garnison de 240000 soldats. Il s'y
rendait tous les ans au moment de la moisson pour
approvisionner la place, payer la solde des troupes, et
aussi, pour intimider les étrangers par de grandes ma-
nœuvres que ses troupes exécutaient sous les armes. Il
mourut après un gouvernement de 19 ans. Après lui régna

Béon, 44 ans : puis Apachnas, 36 ans et 7 mois ; puis Apophis, 61 ans; Janias, 50 ans et un mois, et après eux tous,
Assis, 42 ans, 2 mois. Ces six premiers rois guerroyè-
rent continuellement, et essayèrent de ruiner l'Égypte
de fond en comble. Le peuple s'appelait Hycsôs, c'est-
à-dire rois pasteurs, car, dans la langue sacrée, *hyk*
signifie roi, et *sôs*, dans le langage commun, veut dire pasteur. Quelques-uns les tiennent pour Arabes.

Dans un autre manuscrit, ajoute Josèphe, j'ai trouvé que
*hyk* ne signifie pas roi, mais prisonnier, car *hik* ou *hak*
avec l'aspiration égyptienne se traduit par prisonnier : et
cela me paraît plus vraisemblable, plus conforme à l'histoire ancienne.

Ces rois Hycsôs et leurs descendants, continue Manéthon,
régnèrent 511 ans sur l'Égypte. Mais alors les rois de
Thèbes et du reste de l'Égypte se soulevèrent contre les
Pasteurs : une longue guerre commença. Un roi nommé
Alisphragmutosis les vainquit, les chassa du pays, et les
enferma dans Avaris qui avait un circuit de 10000 arpents,
et était entourée d'une forte muraille. Mais Touthmosis,
fils du précédent, les assiégea avec 480000 hommes, puis
conclut avec eux une capitulation qui leur accordait la libre
sortie d'Égypte. Ils se retirèrent donc avec leurs femmes,
leurs enfants, et tous leurs biens, au nombre de 240000
personnes, et gagnèrent la Syrie par le désert. Mais, crai-
gnant la puissance assyrienne, qui alors dominait toute
l'Asie, ils s'arrêtèrent en Judée, et y bâtirent une ville, capable de contenir une si grande multitude, et qui s'appela
Jérusalem.

Dans un autre livre de ses *Ægyptiaca*, Manéthon raconte

que, dans leurs livres saints, les Pasteurs se donnent pour
des prisonniers dont les ancêtres avaient toujours mené la
vie pastorale. Mais ce n'est pas sans raison que les Égyptiens les ont nommés *prisonniers*, car, disent-ils encore,
notre ancêtre Joseph prenait ce titre devant le roi égyptien. »

---

# ANNEXE III

RÉCIT DE JOSÈPHE AU SUJET DES LÉPREUX ET DES IMPURS

(*Contr.* Apion, I, 26 et suiv.)

Après avoir rapporté en abrégé les documents ci-dessus,
Josèphe ajoute que Manéthon a pris la liberté d'y introduire
des fables incroyables et des contes mensongers. D'après
ces récits, les Hébreux mélangés d'Égyptiens lépreux, auraient été chassés de l'Égypte à cause de leur lèpre et
d'autres maladies, sous un certain Aménophis, « dont le
nom, dit Josèphe, est inventé »; aussi Manéthon n'ose-t-il
préciser la durée de son règne, ce qu'il fait très exactement
pour les autres rois. Mais il oublie qu'au temps d'Aménophis, suivant ses propres données, les Pasteurs étaient
chassés depuis 518 ans. Car, au moment de leur expulsion
régnait Tuthmosis. De lui à Séthos, s'écoulèrent 393 ans.
Séthos régna 59 ans, son fils Rampsès, 66 ; alors Manéthon intercale son Aménophis, et il ajoute : « Aménophis
désirait voir les dieux, comme cela était arrivé au roi Horus.

Il manifesta ce désir à un sage, nommé pareillement Aménophis, lequel lui dit qu'il fallait auparavant purifier le pays
des lépreux et des étrangers. Le roi fit donc réunir tous les
impurs qui se trouvaient en Égypte, 80000 environ, et les
envoya à l'est du Nil, dans des carrières de pierre. Parmi
les lépreux se trouvaient quelques prêtres instruits. Cependant le sage, nommé Aménophis, qui avait conseillé le roi,
se repentit de ce qu'il avait fait, et craignit que cet acte de
violence n'excitât la colère des dieux. Il lui fut en effet révélé que les lépreux, secourus par l'étranger, régneraient
trois ans sur l'Égypte ; mais, n'osant annoncer au roi cette
nouvelle, il se tua, laissant un écrit qui jeta le roi dans une
extrême inquiétude. Après que les lépreux eurent longtemps
travaillé dans les carrières, le roi leur accorda, sur leur
demande, l'ancienne ville d'Avaris, jadis habitée par les
Pasteurs, alors déserte, et nommée, dans les vieux documents sacrés, la ville de Typhon. Les lépreux choisirent
alors pour roi un prêtre d'Héliopolis nommé Osarsiph, auquel ils promirent d'obéir en toutes choses. Celui-ci leur
ordonna d'abord de n'honorer aucun dieu, de ne plus s'abs-
tenir des animaux réputés sacrés en Égypte, et de n'avoir
rapport avec personne, qui n'appartînt à leur race. Enfin,
il leur donna beaucoup de lois qui étaient contraires aux
lois égyptiennes. Puis, ayant fortifié la ville, il se prépara à
la guerre contre Aménophis, envoya des messagers aux anciens Pasteurs qui habitaient Jérusalem après avoir été
chassés d'Égypte. Ils arrivèrent au nombre de 200000
hommes. A cette nouvelle, Aménophis perdit courage,
réunit près de lui les animaux sacrés, cacha les images des
dieux, confia à un ami son fils Séthos âgé de 5 ans, nommé
aussi Ramessès à cause de son père Rampsès ; lui-même,

à la tète de 300000 hommes, marcha contre l'ennemi ; mais n'osant l'attaquer, par crainte des dieux, il se condamna à un exil volontaire de 13 années en Éthiopie, dont le roi lui était attaché par les liens de la reconnaissance. Pendant ce temps, les Solymites, unis aux lépreux, ravagèrent l'Égypte, détruisirent les villes et les villages, renversèrent les temples, et employèrent le bois des idoles à rôtir les animaux sacrés que les prêtres égyptiens étaient forcés d'immoler de leurs propres mains. Tout cela se passait sous la conduite du prêtre d'Héliopolis, nommé Osarsiph, à cause d'Osiris, auquel il était consacré, et dont le vrai nom était Moïse. Enfin, après 13 ans, Aménophis et son fils Ramsès arrivèrent d'Éthiopie, chacun à la tête d'une puissante armée, chassèrent les étrangers et les lépreux, et les poursuivirent jusqu'aux frontières de la Syrie. »

Après quoi Josèphe fait remarquer l'absurdité de tout ce récit.

Le même récit se retrouvait, quant à l'essentiel, dans Chérémon, dans Lysimaque (Josèphe, *ibid.*, 32-34), enfin dans Apion (*ib.*, II, 2). Il est mentionné, de plus, par Tacite (*Hist.*, V, 2-5), par Justin (*Hist.*, 36, 2), etc. L'origine de toutes ces légendes se rattache évidemment aux traditions juives combinées avec les traditions égyptiennes, à la suite de la traduction de la Bible par les Septante ; combinaison assez malheureuse, il faut l'avouer, et dont les Juifs du premier siècle n'auraient pas dû se montrer aussi fiers. Sur toutes ces légendes on consultera avec fruit M. Kurtz (*Geschichte des alten Bundes*, tome I).

# ANNEXE IV

Je n'ai pu, malheureusement me procurer, en son entier, le texte grec de Théon d'Alexandrie. En voici du moins la traduction que j'emprunte à M. Rœckerath. (*Bibl. Chronol.*, p. 188): « Prenons les (années ?) de (depuis ?) (l'ère de ?) Ménophré (τα απο Μενοφρεως) jusqu'à la fin (de l'ère ?) d'Auguste, nous obtenons 1605 ans. En y ajoutant les 100 années écoulées depuis l'ère de Dioclétien (283 ap. J.-C.), nous avons 1705 ans. » (*Cf.* Bunsen, *Ægyptens Stelle*, tome IV, p. 83.)

*Vu et lu en Sorbonne* :

LE DOYEN DE LA FACULTÉ DE THÉOLOGIE,

† H. L. C.,

Évêque de Sura.

*Permis d'imprimer* :

LE VICE-RECTEUR DE L'ACADÉMIE DE PARIS,

## A. MOURIER.

N. B. — La Faculté laisse au candidat la responsabilité des opinions émises dans cette thèse.

# ERRATA

—

Page 12, ligne 6 : au lieu de 3700 d'antiquité, lisez : 4700 ans d'antiquité.

Page 13, note 3, après λεγομενα, mettez une virgule.

Page 39, note 2, lignes 5 et 6, lisez : και σφι ο κυκλος των ωρεων ες τωυτο περιιων παραγινεται.

Page 46, note 1, lignes 5 et 6, après ; *imitatus Cæsar*, lisez : *Ægyptios*.

Page 48, note 2, ligne 1, après ωρας, effacez la virgule, et mettez-la après ιβ´.

Page 58, ligne 15, lisez : Il est vrai que M. Lepsius...

Page 60, note 2, lignes 9 et 10, lisez : *Magnus ordo sœclorum...*